感 悟
南怀瑾讲人生修养

徐 枫 编著

·北京·

图书在版编目（CIP）数据

感悟：南怀瑾讲人生修养 / 徐枫编著. -- 北京：群言出版社, 2015.6（2024.1 重印）
ISBN 978-7-80256-761-0

Ⅰ.①感… Ⅱ.①徐… Ⅲ.①人生哲学 – 通俗读物 Ⅳ.① B821-49

中国版本图书馆 CIP 数据核字 (2015) 第 122112 号

责任编辑：	李　群　　张启超
封面设计：	同人阁文化 · 书装设计
出版发行：	群言出版社
地　　址：	北京市东城区东厂胡同北巷 1 号（100006）
网　　址：	www.qypublish.com（官网书城）
电子信箱：	qunyancbs@126.com
联系电话：	010–65267783　65263836
法律顾问：	北京法政安邦律师事务所
经　　销：	全国新华书店
印　　刷：	河北鸿运腾达印刷有限公司
版　　次：	2015 年 7 月第 1 版
印　　次：	2024 年 1 月第 2 次印刷
开　　本：	710mm×1000mm　　1/16
印　　张：	15
字　　数：	200 千字
书　　号：	ISBN 978-7-80256-761-0
定　　价：	59.80 元

【版权所有，侵权必究】

如有印装质量问题，请与本社发行部联系调换，电话：010-65263836

前　言

南怀瑾先生是一位学贯古今、富有学养的大师。他出生在一个诗书世家，家族中代有高僧出现。南先生自小深受家风影响，立志不凡。他读万卷书，行万里路，精研儒、释、道及诸子百家等国学经典，以自己的博学和传奇经历实践着他对于儒、释、道的理解。他曾积极奔忙于世界各地，传播中国优秀的传统文化，以他深入浅出的方式阐释着博大精深的中国国学文化，深得人们喜爱，影响深远，被誉为一代国学大师。

而有关佛学，他曾寻访高僧奇士，在名寺闭关研修，且得多位著名高僧、活佛传授，深得佛学精髓。他认为，佛学首先是一门学问，一门教人如何做人做事的学问，其次才是宗教学说。而修习佛法，实质是在修习一种境界，一种大境界，只有拥有了这种境界，才为学佛之大得。

可当下一提到佛学，很多不明其理的人都认为，修习佛学，或者信仰佛教，就是一个人由于心灵空虚，没有了精神寄托，这才与"佛"结缘。或是因为一个人境遇不佳，为了逃避现实，寻求一种解脱，也才将心皈依于"佛"。

然而，持这般想法的人，大多是不明晓佛学的义理而对其产生误解。要知道，佛学作为古老文化的一脉，所以能流传到今天而不衰，自有它昭然之处，绝非似常人所理解的那般简单。

心之向善，追求一种境界，提高自身的思想品质和生活质量，这应该说是佛学中倡导的最基本的思想。南怀瑾先生对佛教深有研究，解读了众多的佛学典籍，他不但从中获得了身心的修养，同时对于人的灵魂境界也有极大领悟，并写下了诸多著作。他说："社会需要佛学，需要这样一种引人向上的力量。修习佛学，可以让我们更容易地看清自己，认清现实，并从现实中求得心灵的启迪，达到物我两忘的境界。"

对于佛学，可以说南怀瑾先生有着自己深刻的体会与洞察。在他看来，今天的人们都应当走进佛学，了解佛学，以端正的心态去领悟佛学。这样，人们不仅在心灵上能获得开示和慰藉，而且在社会生活中，心态也能变得安静与祥和。

但世道人心，眼下很多人学佛，往往求的不是自身的修养与人生的境界，而是想借佛光的保佑大发其财，大成其事。当然，安身立命对一个人来说，固然重要，可如果将学佛赋予了功利性和目的性，那便偏离了佛学的要义。其次还有一些人，因遭受某种磨难或打击，而对生活失望，想以学佛来获得解脱。甚至还有的，因一时心血来潮，完全是为了赶时髦，见别人学佛信佛便也跟风，以此彰显自己的境界。岂不知，如此这般具有功利性和目的性地学佛，不但已背离佛学的主旨，同时也很难对佛学有真正的领悟和体察。

再有，佛学本身讲的就是修心，但如果心态不对，即使学佛，能得其道也是枉然。而对于那些想求佛来解救自己的人，佛也终不能解救你，因为能够真正解救你的，其实还是你自己。要知道，真正修习佛学的人，不是因为自己没办法安顿自己，也不是万念俱灰寻找解脱，更不是为了求得佛的保佑来发财。他们之所以修习佛学，或者信佛，完全是在一种积极的心态作用下，抱着修心修身的态度，才走进佛学，走进佛教，从而在领悟博大精深的佛理之后，而使自己在人生的境界上再一次获得提升以及加深对生命本真的理解和把握。

究其根源，所谓的修习佛学，其实就是学习佛陀的智慧。在人世之中，虽然万事万物无可穷尽，但人的智慧却永远强大。倘若一个人拥有了万千智慧，那么你自身就会拥有强大的力量，从而达到禅的境界：看山是山，看水是水，看山不是山，看水不是水。

此外，南怀瑾先生还如是说："真正修习佛法，并不是叫你崇拜偶像，也不是叫你去迷信，而应无所住而行布施，是大解脱。一切事物，物来则应，过去不留。"也就是说，学佛的真正目的应该是面对世界的一切，安顿好自己的灵魂，提升自己的智慧，无论对待什么事情，都要做到轻松自然，事来则应，事过之后不要再耿耿于怀。

本书收录的是南怀瑾先生在不同时期关于学佛、修行、参禅等佛学方面的语录。但本书不是对南先生佛学语录的一种简单收集，而是以南先生的语录为引，站在一个全新的角度，解读其中的佛学思想，领受佛学智慧。同时，并以此延伸开去，对相关的社会、人生、人性与佛性等问题做出另一种独特的理解和思考，及在书中充满了诸多探讨性的扣问。相信读者通过阅读本书，能获得一个全新的感受，并对佛学有一个积极的认识，从而通过学佛提高自身修养与人生的境界。

因为时间和能力有限，本书在编写过程中难免会有不妥或失误之处，还望方家指点，也恳请广大读者和同仁给予我们诚挚的指正和批评。

目 录

第一章 佛学难进，但佛理可通

- 人做不好，学佛也没用 …………………………………… 2
- 先忧自己，再忧天下 ……………………………………… 8
- 修炼忍辱的功夫 …………………………………………… 14
- 第一个要学会谦虚 ………………………………………… 19
- "不识本性，学法无益" …………………………………… 25
- 真付出是无私，没有对立 ………………………………… 31
- 完善道德，才能实现自我 ………………………………… 36

第二章 佛眼看人生,其实很简单

- 积极心态学佛,才会受益 …………………………… 42
- 修行,一生的功课 …………………………………… 50
- 真诚活着最有力量 …………………………………… 55
- 毁誉不惊,定力自守 ………………………………… 59
- 缘聚缘散,任其自然 ………………………………… 64
- 人生真谛,寓于平淡 ………………………………… 67
- 只有经历过,才算真懂得 …………………………… 70
- 行善惜福,才能得善果 ……………………………… 75

第三章 修心养性,端正人生姿态

- 自重者,人恒敬之 …………………………………… 82
- 骗人就是骗己 ………………………………………… 86
- 放低姿态,才是真正的尊贵 ………………………… 93
- 言行、知行合一,增长智慧 ………………………… 97
- 不以貌取人,关注内在本质 ………………………… 101
- 自以为是的人最难度 ………………………………… 105

第四章　积极精进，有作为的人生

- 别想太多，只管做去 ······112
- 知识的最高境界是无知 ······116
- 吃得苦中苦，方为人上人 ······119
- 不要怕别人不了解你 ······125
- 专心致志，静待机遇 ······128
- 保持清醒，不被他人捧坏 ······133
- 满怀希望，精进不已 ······138
- "做到平凡，才是真正的了不起" ······142

第五章　纷扰俗世，修养生存智慧

- "把眼前路留宽一点，让后来人走走" ······148
- 留一半清醒，留一半醉 ······151
- 是非皆因多开口，烦恼皆因强出头 ······154
- "做人做事要留点遗憾" ······158
- "少妨碍他人，就是最好的道德" ······162
- 化解仇怨，征服人心 ······166

第六章 烦恼人生，通达自会解脱

- 欲望太盛，做人难刚强 …………………… 174
- 贪婪是一种毒药 …………………………… 181
- 不愁不怨，烦恼自解 ……………………… 185
- 要明白高处不胜寒 ………………………… 189
- 万事随缘，随遇而安 ……………………… 195

第七章 境由心造，快乐源自内心

- 少动心念，自然自在 ……………………… 202
- 法天效地，心宽得乐 ……………………… 206
- 心中无"我"，行善得乐 …………………… 209
- 拈花一笑，放松自己 ……………………… 214
- 默默无闻未必不幸福 ……………………… 219
- 最佳境界是丰富的安静 …………………… 224

第一章
佛学难进,但佛理可通

人做不好，学佛也没用

南怀瑾先生说："最近我发现年轻的同学特别喜欢学佛修道，我都有些担心，我常常跟年轻的同学们谈，你年纪轻轻，学这个干什么？我说这个话你不要难过，这有两重意义。首先世界上什么都容易学，唯有学佛最难的事；第二重意义啊，人生画虎不成反类犬，老虎没有画成，反画成了狗，学佛学不成，我不晓得你会变成什么！所以啊，希望先把人的道理完成了，再来谈学佛的事。但是既然要学佛了，千万要注意'不住于相'四个字；一住相，什么都学不成了。"

的确，做人是第一位的。学佛为什么？不就是为了完善自我吗？如果仅仅是为了修来生之福，那不仅自私，也没什么意义。而一个人做不好自己，甚至为了一己私利损人利己，表面上却虚伪地学佛，做一些表面文章的好事，那这种学佛更是要不得；或者有人以学佛保佑自己升官发财，这些都是不道德的想法，是在玷污佛家圣洁的莲花。这种所谓的学佛，也修不成什么功德，最终现世福报得不到，更不能修来世之福。

当今社会人心浮躁，精神空虚，价值失落。为了寻求价值和一份信仰，许多人走进宗教，尤其是佛教，如今信徒更是有日益增长的趋势。人心向善，寻求精神寄托，本是好事。但问题是，今天人们的学佛，目的到底是什么？

古人学佛，目的多为修养自己，提升学问和道德，追求人生的更高境界，苦修自己，并放下小我，转而大爱，以度化众生为一生的事业；而今人呢？学佛多半是为了自己：不是为了谋利，就是逃避现实，追求一份寄托，找一份清静，自我解脱。所以，今人的学佛是功利的，很难说是纯粹的。当然，这里有社会问题，我们姑且不谈。问题是自己，许多人，连安身立命也不成，却想着一头钻进佛教世界里，口口声声说要追求"无我"人生。

经历不多，阅历不足，就想接触复杂深奥的佛教，谈何容易？遇到点挫折，就否定社会，失去信心，怀疑人生，退缩逃避，到佛教中寻求安慰，以为佛家清静，可以不必劳作，可以断绝人世纷争，但佛家怎么可能是清闲自在，单是那份单调和寂寞的清苦，还有漫漫的修行之路，岂是一般人能够忍受的？所以，佛学不是那么好学的，佛家可不是那么轻易可进的。自己还没做好，就想得超越，岂不是可笑吗？所以，不经历一番人生的阅历，不到大彻大悟，或者不到万念俱灰，心中剩下空的时候，就不要进入什么佛教。（当然，学习佛教知识，提高自身修养，并不想皈依的人除外。）

事实上，一般人理解的佛教，也许离佛教的本义有些偏差。佛教并不是消极的，不是叫人万念俱灰，都去求来世，主张人们都走空门的；相反，它是积极的，入世的，它首先教人做好自己，勇猛精进，不断完善自己，做好自己，完成此生的使命，然后在此基础上，接济度化他人以及更广大的大众，以此实现自我生命的最大化价值。做好自己，做一个纯粹的人，心怀一份悲悯情怀，不断超越自我生命的极限，同时慈善众生，身体力行现世的职分，求现世之福报，而不是一味地求来世之福报。就此意义上讲，一个人，首先做好了自己，先成就了自己，再去走进佛教，解救更多的人，这样的学佛，或者走进佛教，才是真正的学佛，真正的信仰。

试想，一个人，不经过大富大贵，不经历些大起大落，怎么可能透解人生？一个人，没真正地做好了自己，实现自己，怎么可能真正地帮助他人，解救众生？如果有人说："我未经富贵，就已经看透人生。"其实不可能的。没有体验，认识也是表面的，不彻底的。人心欲望不足，见异思迁，如果缺少经历，今天你说万念俱灰，明天你就可能见利忘义，耽耽于享乐。所以，真正信佛，走进佛教的人，往往是对人生有真正体验的人。也唯有此，才能真正走进"空"门。

还有些人，学佛似乎为了赶时风，见不少人，尤其是有钱有闲的人学，他也学。其实他内心并不虔诚，不认真，也不扎实，一脚踏进来，却踩在中空，很是危险。在当下的浮躁社会，连宗教界也沾染上了。许多人信佛，不是脚踏实地，不是从自己做起，而是想一口吃个胖子。还不了解小乘是怎么回事，就学习大乘；还没做好自己的工作，就成天沉迷于佛教。你问他小乘和大乘的区别是什么？他说："就好比小学和大学。我学的是大乘。"言下之意，自己已达到非同一般的境界。如果是一般不懂佛教人听了，心里还说不定起崇拜呢。或者，有人做了点功德，就喜欢到处显摆，说："我捐出了自己的一辆小车。"言下之意是自己多么有钱，而且行善。其实，他自己也不过是半瓶子晃荡，信仰并不纯粹。

有一个有志于佛教的居士，因为失恋走进佛教，却不能真正脱俗，后来在网上征婚。好容易有个女孩子看上了他，很认真地追求他，他却是半推半就，终不能下定决定：到底是选择佛呢，还是选择心爱的人。结果弄得对他一往情深的女孩子最终失望，离他而去。但事后，他却又想恢复关系，而这个女孩子已经有男朋友了。他后悔也来不及了。当初没积极行动，事过境迁，错过了最佳时机，当然争取也没有用了。这说明什么呢？他一脚在佛教里，以为自己要过离世的生活；一脚却还在现世中，不能摆脱现世的欲望，欲罢不能，不伦不类，当然痛苦不堪。到底算什么呢？是苦修的居士吧，又不纯粹；是现世中人吧，人人看他不正常。所以说，自己没把自己安顿好，放不下现有的东西，犹豫不决，优柔寡断，做人不成，做居士不成，做和尚不成，所以，搞得自己成为了一个不正常的人。这实在有些可悲了。

南先生说："现在一般人学佛，都从大乘的角度来，《金刚经》啊，《楞严经》啊，这些都是大乘的教义，是佛晚年的修法。孔子说：'古之学者为己，今之学者为人。'古人做学问，确确实实，为自己的；现在人做学问，说得好听，为了社会，为了大众，却不踏实。做个比方，这个学问指的就是佛家的精进、修养，应先为自己成就，再来救人。现在啊，次序不对了，一读书，一学佛，就想要救社会，救国家，吹一堆牛。这是不对的，要先求为己，先从释迦牟尼佛初步教弟子修证的小乘法门做起，先利己，而后利他。"

所以，无论你多崇高的人生追求，也要从眼前做起，从今天做起，从小事做起，不可好高骛远。学佛当从小乘学起，做好一个人，才能做好事情；做好事情，才可能有所成就；有所成就，才有能力成就别人，救赎大众。否则，你的所谓的信仰也不过是自我安慰，或者是装饰自己的作秀而已。

连做人都不成功，你还修行什么？怎么可能成什么佛呢？搞成一个不伦不类，还不如老老实实，安分守己地做人显得真诚可爱。

一个真诚而有力活着的人，是不轻易走进宗教世界的。他首先努力生活，完成自己此生的使命。这样，即使要学佛才有学习佛学的基础，否则，即便有志于此，也难有成就，与普通人学习佛教即烧香拜佛一样，谈不上真信仰。

南先生说："假使有人诚诚恳恳学佛，研究《金刚经》，结果一辈子倒霉，为人轻贱之交。有人事业很好，生意也做得很大，功名也很好，偏要来学佛，我说你不要搞啊！这个事情不是好玩的，学佛就要倒霉的。他说菩萨会保佑发财；我说佛不管这个事，因为佛学是空道，你要学，只有放下。当然，也有些人学佛反而发了财，但大部分都是遭遇更多困难。不但学佛如此，信别的宗教也是一样的，很多人说自己一辈子做好事，结果倒霉透顶，什么坏事都到他身上。历史上的司马迁也怀疑过这个问题，善人做好事，偏要倒霉；坏蛋个个好得很，身体又健康，精神又好，又发财，又有办法。这个世界上因果报应到哪里去了呢？这是个大问题。佛法讲的因果是讲三世，认为生命是连续不断的，不是现在这一生。"

南怀瑾佛学智慧

"佛与魔，地狱与天堂，众生与佛，只一念之差……由凡夫到成佛，通通靠般若智慧的一点道理。"

有一个女孩子说:"看那么多人信佛了。我也想信佛了,找点精神寄托。"他的男朋友是做销售的,见识过很多信佛的人,但很多人并不纯粹,不少搞得自己的人生十分糟糕。就认真地对她说:"信,可以,但一定要认真地信;要么,就不如不信。我问你:你确实感觉到有信它的必要了吗?你在生活上感到没信心和力量了?还是感觉到了空了呢?"她不置可否,无言以对。男友一句简单的话,让她打消了信佛的念头。说到底,她现在并不需要信佛,她追求得太多,而且完全有能力安顿好自己的心灵,也未经大富大贵,人生没有多少起落,信佛对她没有意义。

所以,她选择了看看佛教方面的书,增加自我修养,从学问和道德的角度来看佛学,这样的接触佛教,就是十分积极,而不至于受它的某种消极影响了。

所以,真正信佛的人,是认识到空性的,不是随便来信的。如果没有,那最好不要去信。

南怀瑾佛学智慧

"有些年轻人,自以为有了大乘的精神,又不肯自修,我就常常劝他们,你先求自修啊,自修好了,再来度人。你连自修都没有修好,怎么去度人呢,自己修行没有基础,何必急急忙忙去度人呢?"

□先忧自己，再忧天下

南怀瑾先生说："佛年轻时，基本用来带弟子的是小乘的修法。何谓小乘，就是为己啦。孔子说：'古之学者为己，今之学者为人。'这两句话，古人做学问啊，确实是为自己的；现在人做学问，说得好听，为了社会，为了大众，却不踏实。做个比方，这个学问指的就是佛家的精进，修养，应先为自己成就，再来救人。现在人啊，次序不对了，一读书，一学佛，就想要救社会，救国家，吹一大堆牛皮。这是不对的，要先为己，先从释迦牟尼佛初步教弟子修证的小乘法门做起，先利己，而后利他。"

南先生此言，实际是告诫人们，做人做事要扎实，不要好高骛远，眼高手低。有高远的理想固然是好事，但必须切合自己的实际，看自己的能力，有没有可操作性，能否实现，有没有合适的机会，这是最重要的。而不是说，你站得高，看得远，就可以平步青云，达到自己想要的高度的。努力是必然的，而且还要适合自己，方法对头，有机会施展，才可能遂心如愿。

中国的士人阶层，即知识分子，向来有"先天下之忧而忧，后天下之乐而乐"的精神，无论他个人过得如何，总要关注社会，总是跃跃欲试，想尽一分责任，实现自己的宏愿。所谓"天下兴亡，匹夫有责"，这原本是很高尚的境界。但现实的情况是，很多人并不能具备这个条件和机会。所以，古人又十分注重韬晦，在没机会时，就"潜居抱道，以待其时"；等到来机会时，才一展身手，行道济世，实现个人抱负，建功立业，功成名就，人生价值得以实现。所以，古人的参与社会精神，实际上是有前提的，那就是，不仅要有自知之明，培养实力，等待机会，而且更明白"名不正言不顺"的道理。所以，古代先哲很早就明白"乐天知命"，"安分守己"的道理，这不是消极，而是在时代和机会不属于自己时，所具有的一种达观而中庸的生存智慧。而当他有机会时，他更明白"明哲保身"，"持盈保泰"以及"知足知止"的生存智慧。这是十分高明的。

现实是复杂的，竞争无处不在，机会有限，不是你心念天下，有不凡的抱负，就会有机会；也不是你做出些成绩，就会一劳永逸，名节得保。无论是坦途，还是逆境，如何出处进退，如何选择，这是需要智慧的。理想和现实间，总是有距离的，让人心生无奈。有多少人如李白一样，有"直挂云帆济沧海"之志，却苦于无处施展，有多少怀才不遇？理想总是美好，现实总是丑陋。所以，面对现实，古人说："穷则独善其身，达则兼济天下"，这既是一种标准，也是一种进退取舍的智慧，多少年来，这句话已经成为传统知识分子们的座右铭。

有理想，有才能的人，尚且为机遇而嗟叹，以"穷则独善其身"来安慰自己，更何况是一般凡夫俗子呢？所以说，**先做好自己，把人做好，才能安身立命；先培养实力，有核心竞争力，才能建功立业。**你自己都不能自立安身，何谈去忧心天下呢？如孔乙己那样，自己穷得只能吃点茴香豆了，还在口口声声地说着："君子固穷"，而不思进取，看不到现实的变化和自己的落伍，还成天"之乎者也"呢，这岂不可笑吗？自己快饿死了，还满口道德学问呢。所以，先把自己安顿好了，有了生存基础，才可能利他，为别人，为社会和国家做点事情。

南先生说："儒家的推己及人，就是我有饭吃，才想到你需要饭吃，分点给你，我们两个有饭吃才分给他，我们三个有饭吃，再分点给大家吃。一步一步扩充。如全体都要一下子做到，不但我们做不到，尧舜也做不到。"就是说，只有先利己，才可能再利他。

有必要指出，这不是宣传自私自利思想，而是告诉人们：解决好自己，才能更好的为别人；想为别人做更多，先做好自己，是必要的，是无法回避的前提。

现代社会，物欲横流，人们唯利是图，利己主义重新抬头。不要说忧天下，利他，自己满足了，也不去利他，更不会心念天下，有所奉献。不会设身处地，更不想推己及人。可说是全不讲做人的道德和风格，这样的人，不能避免庸俗的一生。还有一些人，自己没做好，就爱苛责别人，挑别人的毛病；自己的责任不说，专爱讲别人的责任；自己学问道德不够，却好为人师，对别人进行说教；自己境界不足，却说别人悟性不够……老实说，此类人，自己做人做事远远不够，却不问自己有没有资格，有没有能力去管别人。此类人说到底是没有自知之明，以为别人都不如自己，而且修养不够，更不懂得为人低调的道理。

南怀瑾佛学智慧

"所谓的觉悟，就是佛的境界，也就是所谓自利利他，自觉觉他的这个觉悟。借用孟子的话：'以先知觉后知'，就是先知先觉的人，教导后知后觉的人。"

先忧自己，心怀一份忧患意识，积极进取，力争上游，走一条自己的成功之路。然后，再忧天下，更大限度地实现自己。达到"独善其身"，又能"兼济天下"。

我们常说："人都是自私的"，这既是天性，也是生存的必须。一个人，只有当他的修养达到了一定境界，才可能摆脱自私和"小我"，推己及人；转向一种"大我"和大爱，以求人生的更加美满快乐。因为，光为自己，不会快乐；只有给予，奉献自我，才能得到更大的快乐。人的物质需求达到一定满足后，就转向精神需要。人的思想和修养也总要经过一个时间的历练，才可能达到一定的高度。

儒家讲的推己及人，先忧自己，再忧天下，主要是看一个人的外在力量。而佛家则是看一个人内在的思想和修养。因为洞悉了"我与人"以及："我与社会"的关系，而且清心寡欲，所以不执著，不耿耿于"小我"的欲求，而是寻求自我超脱，以达到一种"无我"和无私奉献的境界。这样，他在利己的同时，能做到得他。甚至以利他作为成就自己，自己最终得福报的前提。当然，这里的利他，同样是自己有能力利己的基础上达到的。

有一个小和尚，跟着师父修行了好几年，但师父还说他修行不够。

一天，小和尚和师父一起化缘回来。路上，遇见一个乞丐，正饿得难受呢。他哀求说："我已经好久没吃东西了。要饿死了。师父慈悲，能不能给我一口吃的啊？"

小和尚看他也真饿坏了，就分给他三分之一的食物。但乞丐吃完，还觉得不够，就又要求再给点吃。

小和尚犹豫了，心想：我如果再给他一些，那剩下的，就只能给师父吃了，自己就得挨饿了。该怎么办呢？

师父看出了他的心思，就对他说："把我那一份给他好了。"

小和尚给了乞丐师父的那一份。

乞丐吃完，还是不饱，又要求再给他些。小和尚心想：这要都给他了，我们吃什么呢？这么想着，就有些不情愿给了。

但师父却说："最后这一份也给了他吧。"

小和尚不敢不听，就给了那个乞丐。师徒两人，只好空手回到庙里。

小和尚忍不住问师父："师父，我们为什么不能给自己留下一些呢？"师父拿来一面铜镜给他，问："你从镜子里看到了什么？"

小和尚奇怪地说："我自己啊。"

师父说："你还没有达到无我的境界，凡事先想到自己，怎么能够参透佛法呢？"

南怀瑾佛学智慧

"众生不要你度，个个自己会度，有些菩萨们度众生，决不是说法，反而加重众生的苦头，等他吃够了苦头，受不了，他自会回头的，这也是一个度人的法门……一切众生皆是佛，你去度佛干什么？每个众生都是自性自度。所以六祖悟道以后，对他的师父讲：迷时师度，悟后自度。"

佛家主张无我，把自己献给众生，虽然伟大，但作为个体，如果不能解决个人的生存和修养问题，纵使管别人也是没什么效果的。站在佛法的角度，完全送给乞丐，以满足他是对的，小和尚心里还有"我"，说明还要修行，否则不能超脱"小我"，达到"无我"之境。

而平常人呢？我们虽没必要达到佛法中的无我之境，但要想真正活出有价值的人生，同样需要超越自我，在安顿好自我的基础上，给予奉献。

 南怀瑾佛学智慧

"真是大成就的人，绝对的谦和，谦和到非常平实，什么都没有。真正的佛不认为自己是佛，真正的圣人，不认为自己是圣人，所以真正的佛法即非佛法。如果你有一个佛法的观念存在，你已经着相了，说得好听是着相了，不好听是着魔了。"

□修炼忍辱的功夫

南怀瑾先生说:"'忍辱波罗蜜',意思就是勇敢,自己甘愿受一切罪,这个儒家叫做'大勇'。忍辱包括三个内涵:一是有形的忍辱,譬如我们活在世界上,随时有艰难、痛苦,有很多挫折,很多不满意,都要忍过去,要原谅别人,原谅环境,转而要求自己。这种修养很痛苦的,要对付自己。二是'内忍辱',修养到这个程度,任何人对不起你,甚至要杀害你,都没什么关系,能慈悲他,教化他。三是内涵的忍辱,做到非常自然,也无所谓一个人的不对,看一切众生都一样,心里头都没有事了。"

我们没必要像佛教徒那样,做到爱憎不分地忍辱,但作为一种修养,忍辱确实有必要。

人生在世,没有一帆风顺,也没有那么多如愿,往往是充满

南怀瑾佛学智慧

"戒者,戒一切坏的行为,恶的行为,此心念念在清净中,无恶亦无善,是名至善。这就是持戒,持戒还好办,忍辱最难办……忍辱并不是完全讲侮辱,大家不要搞错了,一切的痛苦能够忍的都是辱。"

了坎坷，而且不如意事十之八九。世界也没自己想象中那么美好，假恶丑无处不在；而且社会人心是复杂多变的，每个人都有自己的个性和生活方式，很多事情不由自己的意志为转移，作为个人，没办法改变社会和他人，唯一能把握的唯有自己。甚至，有时，作为个人，感觉很无奈、无力，只好随波逐流。这是现实，不得不承认。面对这样的现实，你还能理想主义到底吗？你还能有什么完美的要求吗？理想主义情怀可以有，但不能理想主义；完美可以力争达到，但完美主义要不得。因为理想和现实是有距离的，完美是美的敌人。所以，**任何对自己、对他人的完美要求或者说苛求最终都会令人失望。要求自己高标准一点，但也要适可而止。**

正因为世界的不完美，现实的不完美，社会和其他个体与自己的隔膜和不一致性，我们不能对他人有过高的要求，也不能对自己要求太高，否则就只能是徒劳无功，得罪他人，也给自己平添许多不必要的压力，是一种自苦。人生本来就充满了艰辛和苦恼，也有许多无奈，何必再庸人自扰呢？面对现实，也许你看很多人、很多东西不顺眼，但这是现实，你必须正视；而且，每个人都活得不容易，每个人都有自己的痛苦和烦恼，所以要学会设身处地，学会善解人意。

对于社会和别人不能容忍的人，不仅有理想和完美主义的倾向，而且通常是生活缺少阅历，个人的意志和品质缺少磨砺，个人修养还不到一定程度，当然对人对事，难免苛责。等到他到了三十岁左右时，就自然会感到苛求的幼稚和愚蠢，开始学会宽容和忍耐，并日益提高这方面的修养——这个十分重要！

试想，人生活在竞争的社会和复杂的人际关系中，哪里有那么多的如意呢。如果看到不如意就难受，就着急上火，就耿耿于怀，那岂不是太苦太累了吗？事实上，哪里有那么多的爱憎分明，也没有完美和理想。现实就是如此，看到主流就行了。

随着成长，你会日益发现人生的艰辛和无奈，也会越来越明白自己、社会、人与人，学会做减法生活，学会容忍，学会糊涂些、中庸些做人，有时，不得不做些忍耐，妥协忍辱，这是为人处事的修养，也是生存的智慧。

俗话说："忍字头上一把刀"，现实往往不以自己的意志为转移的，很多情况下，自己必须顺从，妥协，甚至是不得不低头，受辱，有时是不可免的。一个人，也只有经历些挫折和痛苦，经历更多的磨砺，才会实现一个个自我突破，得到更快的成长。司马迁受宫刑之辱，写下千古离骚《史记》，韩信受胯下之辱，才成就后来的将相伟业，越王勾贱忍辱，卧薪尝胆，后来才光复故国……一个人只有能忍耐，有忍辱的功夫，才能得到真正的磨砺，成就非凡的事业。

公元234年，诸葛亮率军抵达渭河南岸。此时，司马懿率军渡过渭河，背水筑垒，与诸葛亮相持而战。

诸葛亮准备长期作战，屯田于五丈原。这期间，诸葛亮多次挑战，司马懿死不应战。诸葛亮就给司马懿送来一些妇女的衣服，羞辱司马懿不够男人，其目的是想激怒他，逼他出战。

换做别人，是绝对咽不下这口气的，但司马懿隐忍了，他对形势作了冷静分析：一是蜀国弱小，军力微薄，虽然积累了三年之力伐魏，但蜀道崎岖，距离很远，三十万大军的粮食供给问题不易解决，无法长期应战；二是现实状况对其很不利。诸葛亮六出祁山，士气正强，但在战败后，兵力受损，如果贸然出战，取胜的几率太小了，所以速战速决是蜀国的唯一出路。但魏国则不同，物资雄厚，国大人多，战场离渭水平原很近，补给也很便利，以逸待劳是不错的选择。

这样分析后，他心中有了数，在出师前就与魏主共同制定了以守为攻的作战方略。所以，司马懿强忍激愤，心里愤怒却强作笑颜道："孔明视我为妇人啊？"边说边接过衣物，厚待来使，继续坚守，静待抗蜀的最佳时机。

由于长期相持，蜀军的军粮供给不足，军心涣散，而且盟友吴军在与魏军征战中，兵败合肥，结果，蜀军只能无功而退。

司马懿懂得忍耐，不逞匹夫之勇，不为辱骂所怒，不争强，不上当，始终保持清醒头脑，进而避免了"小不忍则乱大谋"的后果，这就是智者隐忍守静的智能。

谁都有自己的尊严和原则，都不想受伤，都想被看重，不想妥协。遇有冲突，所以矛盾不断。此时，倘若有一个人主动退让，甚至接受些所谓的"侮辱"，让另外一个的自尊和虚荣心得到满足，成全他的胜利，那么，矛盾化解，自己表面上看来是失败了，但事实上，并没真正失去什么——因为是自己选择忍耐和退让的。所以，**忍辱，是对现实状况冷静而客观的把握，是一种进退有据的策略，不会因一时的委屈和失利而失去什么；相反，真正的主动权，自己从来没有失去。**

你争胜好强，你不想吃亏，不想丢面子，以维护尊严为第一，不想跌份儿，坚持节操，从不想低头，这固然很好，但面对冲突时，客观上要求你有所让步时，你如果固执坚持，那就未免太是愚蠢的执著了，所谓锋芒毕露必自毙，"枪打出头鸟"，谁如果冲动地情绪化地蛮上，最终的结果是自取灭亡。所谓"小不忍则乱大谋"，很多情况下，都是情绪化作怪，不能忍受，争强好胜，不肯退让，不肯服输的结果。老子说的"守柔"，"示弱"，"藏拙"，有很深的道理，往往是，守中才有攻，能退才有进，不争中得到机会，无为中才能有为，所以，忍辱，也是一种生存的策略和智慧，看起来消极，实则是一种不因小失大的远见和韬略。

佛家的忍辱，是必须的一个基本功修养，这种忍辱，几乎是没条件的，甚至没有是非对象，没有爱憎的。因为佛家认为，天下众生都是一样的，没分别，佛法是普度众生的，度一切善人，也度一切恶人。看透了这点，所以，不会对任何人有成见和偏见，自会对任何人有理解宽容，这样，自能忍辱了。而忍辱，是有志于佛学的人的最大修养功夫。有此，才可能对众生慈悲为怀，不分彼此，普度众生。

我们普通人，没必要这样不分彼此，一视同仁，但至少应从中有所学习，学着宽容忍耐，在必要的情况下，能够忍辱，有忍辱的功夫，这样，才是一个有前途的人。

当然，忍辱，不是消极而胆怯地回避，不是胆小怕事，回避问题，而是一种待人处世的从容，更是一种智慧。

□第一个要学会谦虚

南怀瑾先生说:"真讲学佛,学佛是学空的,而且绝对谦虚。第一个条件要先学会谦虚。谦虚,就是去掉'我慢'。所以我一辈子不为人师,不做人家的老师。你们都叫我老师,是你们应该的,那是你们的道德,跟我不相干。我也没收过徒弟,也没有承认哪一个人是我的学生。他的道德立场叫我老师,自称学生,是他的道德,我自己不认为这样。我若是真的把自己当做人师了话,完了,那不谈修行,我这个人已经完了。若是自己受了人家的恭敬,就认为'我真是天人师,了不起',那就完了……所以,学佛第一个要学谦虚。"

古人说:"谦受益,满招损",这是我们每一个人从小就受到耳熟能详的教育。道理都明白,但是不是真正体会到了,真正明白了呢?应该说,真正懂的人并不多,而且真正做到的人也很少。

现实生活中,由于西方文化的影响,我们讲个性,讲自由的多,而对传统文化中的谦虚美德越来越隔膜了。你夸她一句漂亮,她也学着像西方人那样说:"谢谢。"毫不掩饰自己的自豪之情。你说他表现得很棒,做出了不小的成绩,他会得意地说:"谢谢。我为自己骄傲。"在各种比赛和秀场中,人们以表现自我,张扬自我为能事。演员站在台上,还没表演,就开始大言不惭地要掌声鼓励。岂不知，观众的掌声是那么廉价的吗？如果说是一种活跃气氛的幽默和调侃，那这种格调也是庸俗的，低级趣味的，对于观众是一种不尊重和误导，说到底是一种不正之风，真正扎实有能力的人，是不会来这套的。种种现象，其实反映了一种浮躁而不谦虚的心态。

所谓"一瓶子不满，半瓶子晃荡"，越是没水平的人，越表现得张扬；越是真正有学识和能力的人，真正的高人，越表现得谦虚而低调，不轻易显山露水。什么叫高下之别，什么叫人品高低？区别就在这里。

你有没有能力，不在于自己表现，而在于你是否有真才实学，你的机遇是否已经到来。虽然现在商品社会，时兴广而告之，酒香也怕巷子深，那终究是一种不自信的着急心态。而如果有真才实学，根本不必自己着急表现，只管一步步谦虚做来，出了成绩，自然有人捧你，来为你宣传。

南怀瑾先生从不以老师自居，也从不宣传自己，但这并不影响那么多人崇拜他，称他老师，自称是他的弟子；也并不妨碍他成为人们公认的国学大师。

积累就是力量，一切都要扎扎实实积累而来，有没有真本事，能否功成名就，不必自己咋咋呼呼地叫卖自己，自己的本分，只在于脚踏实地，谦虚好学地努力。等到了一定程度，自然会有人来捧你。如南先生所说："不必害怕没人了解你。"有时，越宣传自我，越显得没层次，没格调，反而适得其反。古人有"终南捷径"，现代人有自我炒作，哪种做法更聪明，你应该知道。任何刻意为之的行为，终不能得到让人敬重的结果。

作为个人，不过是茫茫宇宙渺小的一粒；生命本身也十分有限，个人超越不了生老病死。纵使个人的天资有多高，能力有多强，但也有自身难以摆脱的缺点和局限。而且，"山外有山，楼外有楼"，"江山代有才人出，各领风骚数百年"，强中自有强中手，任何的强势也只是暂时的，没有永远的。虽然优胜劣汰，中国自古就有"胜者王败者寇"的理念，但就人生的本质来说，不能以成败论英雄，真正的成功也许更在于内在的充实和幸福。所以，我们认识到这点，就会认识到自己有无法超越的极限，才可能做到谦虚。

古人早就明白了这点，所以，法天效地，提出"乐天知命"、"天一合一"、"顺其自然"等生存观念，正是来自于对宇宙之"大道"的发现，来自于对人生无常的发现，所以对上天，对生命充满敬畏。正是因为有敬畏，认识到自己的渺小和不足，所以要保持谦虚谨慎，这是十分深刻的道理。古人说的谦虚，源于此，体现在平常的做人做事上，而不仅仅是通常所理解的"胜不骄，败不馁"那个表面层次上的。

古人的谦虚不是矫情，不是虚伪，而是安身立命必须有的品质，体现在生活的各个细节中。自信当然要有，傲骨当然要有，但一定是藏在骨子里，而不是表现在外面，刺人眼光，招人妒嫉，引人不满，总之，骄傲外露，张扬自我，是会让人不舒服的，这种不舒服会妨碍他人的自尊，也是对他人的一种不尊重。一个人可以自私，但更要顾及他人，有集体观念，有家国情怀，所以，一个人的言行举止，不只是他个人的事情，还关联着周围的和谐。为什么说，中华民族历来与人为善，和谐共处呢？主要也表现在这里。

中国的传统文化很人本，很尊重天性和个性，但同时更注重对立统一，追求和谐。这同样是一种谦虚，一种顾他思想。所以老子提出了要"守柔"、"示弱"，要人们谦卑处下；儒家提出君子有"三畏",恪守中庸和知足知止之道。佛家提出"忍辱","无我"之境,虽然角度不同,无不告诉个人要有自知之明,要心有敬畏,做人要谦卑的道理。

纵观古代的先哲,还是高僧大德,无不是虚怀若谷的高人,他们无论天分,还是道德以及能力,都远远高出平常人,但越是比一般人谦虚,也因此,他们得到众人的拥护,得以轻松地驾驭别人,为自己的伟大事业甘心效犬马之劳。而那些历来怀才不遇的所谓才子,大多因为锋芒毕露,或者恃才傲物,行动辄俾倪天下,老子天下第一的人物,因为他缺少了谦虚,且不知保护自己,所以处处遭到排挤,或者招嫉恨。除了现实的原因,他们个人的悲剧不能不说与他的骄傲个性有关。三国时的杨修,多言且出言不逊,最终招杀身之祸;唐代的李白,因太过风流洒脱,傲视权贵,缺乏低调,为权贵所不容,最终难以实现"济沧海"之远志……

国外的伟大人物同样如此,越是有成就的越有品质,越有水平的越谦虚。

> 牛顿是一位世界闻名的物理学家、自然哲学家、数学家、天文学家。当他成名后,曾有人问他成功的秘诀是什么,他说:"假如我有一点小小成就的话,没有其他的什么,只有勤奋;假如我看得远些,没有其他的什么,那是因为我站在巨人们的肩上。"

作为20世纪世界上最伟大的科学家之一,爱因斯坦的相对论及他在物理学上的杰出成就,给世界留下巨大的财富。但就是这样一个人,从来不自以为是,而是好学笃思,求知若渴,不断向未知领域探索。他76年的生涯,就是在不断学习和研究中度过的，真正做到了活到老，学到老。

有位年轻人问爱因斯坦："您都这么有成就了，何必还要这么辛苦地学习呢？舒服地享受生活多好啊？"爱因斯坦并没有直接回答他的问题，他找来纸笔，在纸上画上一个大圆和一个小圆。然后，他对那位年轻人说："就目前来说，在物理学这个领域里可能我比你懂得多一些。就像你所知的是这个小圆，我所知的是这个大圆。然而整个物理学的知识是无穷尽的。对于小圆，它的周长小，即与未知领域的接触面小，他感受到自己未知的少；而大圆与外界接触的这一周长，所以更感到自己未知的东西多，会更加努力地去探索。"

所谓愈学愈感到自己的无知，爱因斯坦是有真正体会的。正因有此体会，他才真正做到了谦虚好学，生而有涯而求知心无尽。

1929年3月14日，当爱因斯坦过50岁生日时，当时世界各地的媒体都对他做了专题报道。祝福这位伟大科学家的信件也如雪片一样，从四面八方飞来，装满了他家里的好几个大篮子。然而，此时的爱因斯坦，早就到郊外一个花匠的农舍里躲了起来。

他9岁的儿子曾天真地问他："爸爸，您为什么那样有名呢？"爱因斯坦哈哈大笑，他对儿子说："你看，瞎甲虫在球面上爬行的时候，它并不知道它走的路是弯曲的。我呢，正相反，有幸觉察到了这一点。"在爱因斯坦自己看来，他只是做到了自己应该做的事情，也不想被名所累，所以，他名气越大，就越谦虚。人们从他身上看到的不仅是伟大的智慧，更有高尚的品格。

有才华的人难免骄傲意气，但往往也因此遭受更多来自外界的阻挠。现实生活中，不也是吗？虽然如此讲个性和张扬的年代，但在中国，有些经历的人都有体会，骄傲最终会自食其果，而谦虚本分，往往会得到更多的机会。"枪打出头鸟"，谁不懂谦虚低调，谁会为此付出代价。

所以，学会谦虚，懂得低调，中庸处世，是一种成就的标志，也是一种修养，更是一种为人处世的圆融智慧。

南怀瑾佛学智慧

"所谓大般若经，智慧高到极点，一点痕迹不留，讲过以后，马上推翻。"

□ "不识本性,学法无益"

南怀瑾先生说:"我们中国的禅宗,五祖告诉六祖两句重要的话:'不识本性,学法无益'。你没有见到空性,你就白修了。不见空性,修法无益,这个也不是密,六祖也不看经教,所以他是古佛再生,他就告诉你,见道以后是修道们,修菩萨道。最后是'究竟位',成佛。"

在这里,南先生是说佛教徒必须要达本性自空才能修行到位,而作为法外俗人,这句话可给我们另外的启示:回归天性,本性,让心保持纯净,保持一份超脱和忘我,这样,在纷扰的世间,才能获得一份宁静,在宁静中修养出自己人生的高境界,活出自己的洒脱人生。

孟子说"人之初,性本善",每个人生下来,都是干干净净的可爱赤子。但后来的发展却使各人间产生不同,产生了高下之分——这个高下不仅表现在能力的大小,地位的高低,更表现在品位和层次的不同。而品位和层次,当然出于修养和境界。

南怀瑾佛学智慧

生死无端别恨深,浪花流到去来今。
白头雾里观河见,犹是童年过后心。

——南怀瑾

同样是人，虽然天性各异，但起点并没多少不同，为什么到后来却产生了那么多的差异？虽然都走着各自不同的路，但为什么有的人活出了自我，活出了成功和意义，而有的人却只能庸碌而活，甚至有的人步入歧途？除了时代的、社会的和客观的因素，更多的原因是出于自己——人生路上迷失了方向，迷失了自我，也就是迷失了本性。因为本性迷失，以致没能把握住自己，甚至让人性恶的一面得到发展。可想而知，他的人生之路自然会发生扭曲，生命的质量自然会打了折扣。

可见，人的本性不能失去，守护好它十分重要。古人对于天性和个性有充分的认识和尊重，所以十分呵护，坚持守护好自己的本性，守护好自己的精神家园，不迷失本性，如此才能修身、齐家，然后才可能治国、平天下。为了保持本性，道家把人作为大自然的产物，他们崇道敬天，坚持"抱朴归真"，追求"天人合一"的自然之道；儒家追求"性本善"，追求自我的不断完善，既"独善其身"，又希望能"兼济天下"；释家更是追求"自性空"的"无我"境界，并认为"人自性本空"，只要守住"空性"，就可达到修养的高境界，做到超越自己，超脱人生之苦。纵观历代的圣贤高人，他们无不是坚持本性，并努力对自我天性挖潜革新，最终成就非凡人生的。

现代社会，物质金钱至上，人心不古，生活节奏快速，压力变大，情绪失调，心情浮躁；经济利益面前，道德和信仰危机呈现，人们普遍感觉到一种无价值感，但又无法改变现实，只能随波逐流，像被大浪裹挟着的流沙，完全不能自主。面对令人眼花缭乱的现实和各种诱惑，人们往往难以把持自己，不知道做何选择，突然间人生方向失控，一不小心，就找不到自己了。每天行色匆匆，在无情的钢筋和水泥构成的楼群中忙忙碌碌，却不知道自己为什么而忙，要走向何方……很多人，在多元的社会面前，在特定的时期，迷乱了自己，本性迷失，曾经坚持的道德、原则以及操守，都在现实面前显得不堪一击。可是，为了某种利益而迷失自己，并不能得到真正的快乐和幸福，所以，更多的人，在迷失后发现，自己变得越来越痛苦。为什么？因为本性迷失，如同丢了灵魂一样，怎么能不痛苦呢？

一个人如果本性丧失，就没办法安顿好自己的心灵，难免会失魂落魄，就像没有根的浮萍，一切是漂着的，任由东西，进退失据，不辨方向，也不知所终……这样的人生，怎么会有力量呢？

而那些尊重自己天性，一直坚持本性的人，无论遭遇顺逆，无论幸与不幸，无论成败得失，他都能坦然面对，把它当作生命中无可回避的现实来应对；无论苦忧喜乐，他都会坚持自我本性、原则和操守，守护好自己的精神家园，安顿好自己的心灵。这样，他面对复杂纷扰的社会，自能保持一份独立不倚，以不变应万变，充满弹性和张力地生活，这样的人生，绝不会迷失自己，只能是越活越有力量。

南先生说学佛，要坚持本性，回归空性，自性迷失，学也无益；而普通人的做人做事，修心养性，又何尝不是呢？一个人如果迷失了自己，学习多么高深的知识，如何专心修养自己，也是没有用的，因为所有的努力都是无源之水，无本之木。一个人失去了赤子之心，也就失去了灵性，再大的努力也是徒劳。

　　枯木禅源于临济宗。唐代黄檗希曾经教导学僧们"如枯木石头去，如寒灰死火去，方有少分相应"。关于枯木禅，《五灯会元》里有这样一段公案：

　　一位虔诚向佛的老婆婆，为了积善行德，她建起了一间茅庵，专供一位和尚在此修行，这和尚一住就是二十年。平时，给和尚送饭的，是一位年轻貌美的姑娘，和尚也习惯了。

一天，老婆婆对姑娘说："待会儿你送饭去时，抱住他，试试他修行的功夫。"

姑娘应诺。于是，她按照老婆婆说的，趁和尚吃饭时，冷不防抱住了和尚。和尚果然有些不防备。姑娘挑逗地问他："师傅感觉如何呢？"

不料，那和尚很快镇定自若，平淡地说："枯木倚寒岩，三冬无暖意！"

然后，姑娘告诉老婆婆，引得她愤然大怒："不想我二十年供养他，结果竟只是一个俗汉！"

然后，老婆婆赶走这个和尚，还一把火把茅庵烧掉了。

老婆婆为什么这么做呢？问题就出在"枯木倚寒岩，三冬无暖意"这句诗中。按理说，这和尚也算修得可以了，都到了无情无欲的地步。但是，老婆婆却不以为然，仍然觉得他不过是个"俗汉"。为什么呢？就是因为在这句诗里，老婆婆看到和尚有"死"心但没有"活"意。

佛教中有"大死一番"的说法，什么意思呢？就是要使心中的妄念尽灭，从而回归本元真如的境界，就是所谓"先死后生"，"死去活来"。这是一种修养的境界，它需要相当长的修养功夫。

光心如死灰不够，还必须活过来，如同枯木逢春，呈现出这样的生机，枯木禅的真正旨趣正体现于此。平常我们鄙夷地说和尚是"行尸走肉"，是讽刺真正的万念俱灰又毫无生气的出家人，他们多半修行没到位。

真正修行到位的，是死灭一切妄念，但同时不失本性，能融会贯通，修行佛法达到圆融之境的。如果去掉分别心，如木石一般，纹丝不动，但"真性"尽失，那就是真死了，修行也了无意义。

如行尸走肉，完全死寂状，本性皆失，自性不再，怎么能得大自在？

如同没有根据地，一个迷失自我的人，即使活着也如同一只无头苍蝇，只能到处碰壁，前后失据，到处晃荡；再努力也会因不扎实而陷于徒劳无功。状态堪忧，自己如果不努力回头，是无可救药的，别人帮不了你，只有自己把自己找回来。

一个不失本性的人，即使先天禀赋差些，后天的机遇少些，但因坚持自我，也终会活出自己的精彩。**本性不失，就聪慧不失。比如六祖慧能，不识文字，但本性自空，能颖悟佛法之高深，不立文字，但自能宣扬佛法，实在是本性所致的聪明使然。**

有一个小沙弥问师父："师父！您说好人坏人都可以度，可是坏人已经失去了善良的本质，就不应该去度化他。"

师父没说话，只是在纸上写了个大大的"我"字，但却是反写的。

然后，师傅问他："这是什么？"

"是个字啊。"小和尚说。

师父问他："这是什么字呢？"

小沙弥脱口而出："'我'字啊！"

师父步步紧逼地问道："写反了的'我'字算不算字？"

小沙弥犹豫着说："好像不算吧！"

师父又说："写反的字既然不算字，你为什么说它是个'我'字？"

小沙弥似有所悟，大声说："算字！"

"既然写反了也算是个字，你为什么说它写反了呢？"师父又问道。

小和尚一时无言以对。

师父耐心地解释说："正字是字，反字也是字，你说它是'我'字，并认得出那是反字，就是因为你认识它；相反，如果你根本不识字，就算我写反了，你也无法分辨，恐怕当人告诉你那是个'我'字，你记住了，然后再遇到正写的我字，你倒要说写反了！"

师父继续说："世间事是同样的道理，好人是人，坏人也是人，关键在于你须识得人的本性。认识到此，当你遇到恶人时，你仍然能看到他的'本真'天性。本性不失，就不难度化了！"

南怀瑾佛学智慧

"明心见性之见，可不是看山不是山，看水不是水，青蛙扑咚一声跳进水……要一切见无所见，一切山河大地，宇宙万有，都虚空粉碎，大地平沉，那可以谈禅宗了，明心见性有点影子了。"

□ 真付出是无私，没有对立

有人问南怀瑾先生："据我所观察到的，很多在社会上做慈善的基金会，他们的观念主要是与恶相抗，跟不好的，坏的东西或人对抗作战。无形中形成了对立，是一种愤怒性的观念，你对此有何看法？"

南先生回答："真正的布施是无私的，不应该对立，要都能够忍受。像忍辱，就是原谅一切邪恶。从道德上来讲，若有'我在做好事'的观念，那就错了，已经对立起来。真的做功德，是没有这个观念的。你收养一个孩子，把他留在身边带他，你并没期待着这个孩子长大能赚钱供你吃穿，这个就是对的。这就是无私的付出了。社会上有些基金会，资本家，做功德的理由都不够格的。但他们总算还是做了一点。虽然是假的，也做了一点。"

现实生活中，确实有些慈善家，在为别人做好事的同时，也为了给自己作秀。他们做好事的同时，要求自己也要有所得，而且要得到的是实际的名利，所以，这样的做好事，因为有目的性，显得不够纯粹，所以往往引来人们的质疑，有些人也因此没有达到目的，反而破坏了自己的"光辉形象"。可见，做好事，如果不纯粹，最终也不会因为付出而得到真正的收获。

现在想要人们像雷锋那样，做好事不留名，甘当无名英雄的人越来越少了。这个社会就是一个急于张扬自我，追名逐利，时兴自我炒作的社会。信息爆炸的时代，而且信息多元，信息也是有价值的，所以，信息也作为一种商品在流通。这种情况下，做了好事，如果低调处理，悄无声息，没人知道，岂不是太亏了吗？怎么着，也得让这事儿成为一条新闻，广而告之，至少让自己的令名得以彰扬，否则，岂不是白做了吗？所以，很多有钱人，捐献了钱，是耐不住寂寞的，必要以某种渠道让自己的这种善行得到宣传，美其名曰是为了带动更多人，所以有必要做宣传云云。

事实上，真正做好事，是不求回报的，目的十分纯粹；而且就是无私的，心甘情愿地付出，并以助人为乐，乐在其中。做好事，是他自然而然的一种选择，或者已经成为他的一种生活方式，他觉得这是自己很自然的行为，没必要宣传，自己也不需要炒作。这种善举，才是真正的慈善；这样的做人，才是真正的低调，真正的有风格，有品。雷锋，就是这样的人，所以，他能成为时代的一个标杆。他做好事与今天做慈善的那些人们有着根本的区别，是真正的不留名——但也正因为这种不计名利，而成就了他无上的荣光和不朽的名誉。

佛家的善举，要求更纯粹。不仅对人生，对整个世界心怀慈悲，而且要身体力行做好事，普度众生，不论好人坏人，只要人性善不失，都是佛家度化的对象。所以，佛家认为，做好事，行善，就是自己的本职所在，不可推卸的责任，是真正超越了"小我""小爱"，转向一种爱所有人的博爱，所以，佛家主张的做好事，是真正的无私也无我的，甚至有时放弃自我，所谓无私而无畏也，所以，这样的做好事，没有对立，只是一心的，而且是心甘情愿地付出，并以此本分，及为人生的旨趣。与现代人在行善的同时,有所针对性,或者是对立性,是有根本的区别的。

所以,南先生说:社会上一些对立着,有倾向的行善,不是真正的行善。相当于假慈悲,是有某种目的性,为了专门与另一方对立,这其实已经不是善举,而是一种行为斗争了。

一位老禅师在门外栽了一株玫瑰。在他的精心培育下,玫瑰长得枝繁叶茂,很快,绽放出硕大而鲜艳的花朵,香气怡人。

秋天到了,玫瑰花也都谢了。老禅师把玫瑰树的枝干剪下来,插在了一片肥厚的土壤。

他小心翼翼地插好玫瑰枝,然后浇水。为了给玫瑰枝一个温暖保湿的环境,他又为它们覆盖上一层塑料薄膜,以利于玫瑰枝的生根发芽。

毕竟因为年迈,老禅师干起这些力气活来,还是有些吃力,但他不放弃。

就这样,玫瑰枝在他的培育下,很快变成了玫瑰树。他又把玫瑰树栽在寺庙里。

然后,又剪下玫瑰枝,插在地里,小心覆盖好,浇上水。来年,又长成了枝繁叶茂的玫瑰树。

南怀瑾佛学智慧

"佛的境界谦退到极点,他要度尽了一切的众生,而心胸中没有丝毫教化人、度人之念。所以,佛同其他宗教解粹的教主是不同的,佛没有权威性,非常平凡,很平实,只说你的成就是你的努力。"

……就这样，一年复一年，三年下来，寺庙里到处都是玫瑰树，花香四溢，也飘到了山下的小村里。

很快，就有一位村民寻香来到寺庙观赏，看到美丽香芬的玫瑰，啧啧惊叹于它们的美丽。

这位村民，为这花痴迷了，看个没完。然后，他请求老禅师给他一棵玫瑰花，他也想让自己的家门口变得美丽起来。

老禅师欣然答应，让小沙弥给他移了一棵。

村民高兴地回去了。不久，他家门口的玫瑰树就开了好几朵鲜艳的玫瑰花，惹得左邻右舍都来观赏品评。

我国有句俗话说："临渊羡鱼，不如退而结网。"人们听说玫瑰树是从附近的寺庙里讨要来的，也纷纷来到寺庙，找老禅师要玫瑰花。

老禅师来者不拒，吩咐小沙弥刨玫瑰树给村民们。一个僧人走过来，问老禅师："好不容易才培育出这些玫瑰花，怎么这么随便就送人了呢？"老禅师笑而不答，只是吩咐他帮小沙弥挖玫瑰树给村人拿走。

这年春天，玫瑰花都被村人拿去了，寺庙里一棵也没有了。

老禅师的弟子们不免抱怨起来。有个僧人说："往年这时候，满院的玫瑰花香，信徒们都流连忘返，现在一棵玫瑰花也没有了，真是扫兴！"

老禅师笑着对弟子们说："你们想想，玫瑰花每年插枝，不断培育，三年以后，山下整个村子都是玫瑰花啊！"

弟子们终于明白了：是啊，一村子的玫瑰花香！他们理解了老禅师的良苦用心,这正是佛祖化身千万亿的精神,即使自己什么也没有了,可是,整个世界变得更美好了,不是很值得吗?

现在,真正做好事的人不多了,因为普遍的自私自利,普遍的浮躁。因为社会风气所致,人心不古,有些人做了好事,却被人误解,甚至反倒为自己引来祸事,这也导致有些人害怕做好事,怕费力不讨好。

真正善良的心灵,真正以做好事为乐的人,是不会因此而退缩的,他相信公道自在人心,人间自有真情在,不会因为一时被人误解而停止做好事,而是一如既往,无私无畏,不为他人和周围所左右,也不会与谁对立争锋,所以,他们最终仁者无敌,得到人们普遍的赞扬。

南怀瑾佛学智慧

"简单地说,你做了一切善事而不执著,执著了就是凡夫的事,不执著才是菩萨道。利人、救世、修一切善行,并没有特殊之处,是做一个人义所当为,是本分的事。"

□完善道德，才能实现自我

南怀瑾先生说："现在教育不同了，我们过去中国文化，还有外国文化，基本上人类文化过去在无形中都相信因果，注重道德。而现在人，观念不同了，现在年轻人讲'价值论'，价值观念，看一件事，先看'有没有价值'啊，其实他不知道，道德就是价值。"

一件事情有没有价值，不是从它的物质层面讲的，更主要是精神和道德层面，所以，南先生认为，现在人所说的价值，其实就是一种道德。

古人重视道德，就是遵守天道、地道和人道，认为"大道归一""道者无形"，但存在于万物中，所以古人敬畏"道"，认识到大道不可违，所以顺道而行。说现代的哲学观点，就是要遵循事物的发展规律，按规律办事，才能抓住机遇，发展自己。而"德"呢？就是心怀良善，让天下万物各"得"其位，使物尽其用，人尽其才，先济别人，让别人得到，自己才能得到，这就是"德"。德，是体现了一种博爱精神，有一种成人之美，对自我却有所要求和规范，必有所操守，这种操守必须符合道。所以，德，是有一种自我约束的，有原则性，往往与人格、节操、品质相连。

有德之人，必顺道而行；有道之人，必执行于德。而有道德之人，往往会把这种无形的道德付诸于仁、义、礼、信等具体的言行中，所以，儒家追求"仁、义、礼、信"等，这其实就是一种道德的规范和外化。一个讲仁义，有礼节的人，必是一个道德庄严的人；一个道德追求较高的人，也必然会以仁、义、礼、信等规范自己的言行，不断完善和修养自己。如此，才能安身立命，先修身，再齐家，然后才可能治国、平天下。传统社会十分重视道德教化，上自君主，下到百姓，每一个人，都要以道德为第一追求，在这种追求下，做好自己，立好身，安身立命，然后，才可能建功立业。中国的传统文化，是有着一个较完整的道德体系的，几千年来，作为人们的行为规范，完善个人，协调社会，推己及人，共同达到一种和谐或是"大同社会"的理想状态。这是先人的追求，也是中国传统文化最人本、最温暖的地方，当然，它也是最有力量的；否则，不可能延续这么久，并福泽后代。

现代社会，物欲横流，存在道德和信仰危机，道德值几个钱？道德管什么用？有道德能如何？道德并不能代替经济发展，发展才是硬道理等等理论，让人们与道德日渐隔膜，谁要是谈道德，无异于痴人说梦，虽然高尚，但与现实距离太远，几乎就是一种可望而不可即的奢侈幻想。大家都忙着赚钱呢，哪里有那么多束缚人发财的条条框框，真是不必要。只要能发财，就是本事。所以社会上唯利是图成为一种风气，老板和大款成了人们膜拜的新宠，美女都争相嫁大款。美女们都睁大双眼，个个想嫁入豪门。如果你现在没车没房没钱，纵使你理想有多大，道德有多高，人品有多好，想追求我吗？免谈！所以，那些安贫乐道，有志于学问道德的年轻男子，在当下的社会，要想获得美女的垂青，可能性是很小的。这样一来，社会上想安贫乐道的人就只能是越来越少了。面对清贫和寂寞，有几个人能够耐得住呢？有几个敢于自告奋勇地发出"我不入地狱，谁入地狱"的呼声？那他必然是一个大怪物！

这是一个多么浮躁的社会，让穷人不平，而富人也并没感恩。所谓"端起碗来骂娘"，由于精神和道德建设滞后于经济，导致整体道德观念不强，一心为己，无论穷富，都有不平不满；**文明发达了，物质昌盛了，但人们的生活的快乐和幸福指数并不高，这确实是一个问题。这个问题，就要靠道德建设来解决。因为经济建设到了一定程度，有了一定基础，如果道德建设跟不上，势必会出现发展的失衡。**而道德的力量，看似无形，无力，但实际上却起着承前启后，连接古今文化命脉，提升国民素质，凝聚人心，增强精神力量的强大作用，所以不能忽视。

与先人相比，现代人的道德追求越来越少，转而追求一种实惠的利益；道德的责任和使命感越来越弱，与利己主义相连的名利追求甚嚣尘上，弥漫在日益浮躁和不安的灵魂中。除了实际的、看得见的，可以享受的实际物质利益，人们对道德之类的虚的东西视若无睹，因为整个社会并没形成这个氛围，所以个人只能随波逐流。

南怀瑾佛学智慧

"一个人修道，或者读书，一步有一步的不同境界……修道人有一分的成就，境界就有一分的不同，有两分的成就，就有两分的不同。换句话说，人修到了某一种境界，人生的境界就开朗到某一种程度。"

社会是如此，个人无从改变，但对于一个有志于道德和学问，在这方面寻求自我价值的人来说，他不会甘心随波逐流，也不愿被人左右，而是选择自主自己的人生。一旦他认定了自己的道德追求，就会坚持不懈，百折不挠；做好一切吃苦的准备，像古之哲人那样，安贫乐道，清贫自守，不失自我，不迷失人生的方向。他始终坚持道德追求，无论成败得失，无论顺逆，都不会改变自己的原则、节操，不会降低自我生活的质量，无论幸与不幸，他都能坦然地面对，达观地看待，恬淡地接受，能吃苦也能享受人生，积极而平淡地活着；他坚持自由的思想和独立的精神，独立不倚，不卑不亢，实现自我价值，活出自己的风格。

真正有道之人，他站在人生的边上，洞察社会和人生，审时度势，保持一份宁静、淡定和从容。不遇时，他会如古人那样，"潜居抱道，以待其时"；得遇时，他会应时而动，积极行动，抓住机会，一展身手；而成功后，他更善于持盈保泰，知足知止，中庸中正，功成身退，善于自保，心怀平常心，回归平淡生活。

历史上的曾国藩，虽是一个成就了不朽伟业的人物，但他更坚持做一个有道德自守的儒者，无论得意与否，他都能保持一颗平常心，成也不骄，功成身退，保全名节，安养一生，成为后世一个道德与功业双全，为人所学习的楷模人物。

一个人，没有道德，不会有品质和品位，不会可爱；一个民族，缺乏道德，不会有国民的高素质，不能铸就坚不可摧的民族灵魂，国家不会得到长足发展。正因为道德的作用，如细水长流，润物无声，给人以潜移默化的作用，所以，道德教育不能忽视。

而今，正是由于整体的道德水准在下降，人们内心其实在呼换传统道德精神的回归，所以，我们才更应该大力进行道德建设。这正是一个重建道德精神，重塑民族灵魂的绝好时代，有志于此的仁人志士们，要保持清醒的头脑，只管专心致志，做好自己的事情，以行道济世，实现自我价值。

第二章
佛眼看人生，其实很简单

□积极心态学佛，才会受益

> 南怀瑾先生说:"佛教像百货店，里面百货杂陈，样样俱全，有钱有时间，就可去逛逛。逛了买东西也可，不买东西也可，根本不去逛也可以，但是社会需要它。"

对某些人而言，佛教没什么用，它自己也不需要它；而对于某些人，佛教就是它的慰藉，他的生命般，须臾不可离。佛教当然不是迷信，从文化的角度来看，它是一种哲学，一种对人心有慰藉和补养作用的唯心的哲学。

一个人，也许年轻时不需要看佛学，也看不懂，但等他年长以后，有了些人生经验，对社会、人生、人与人产生了一些困惑和迷茫，需要寻求解释，找到慰藉时，此时看看佛学，也许是一种及时的必要的心灵补给，同时，最重要的作用是，佛学可提高一个人的修养和智慧——而这后者是十分重要的。

世界本不完美，人生本有苦痛和无奈，成败得失，人生遭际，难免患得患失；而做人同样不会轻松，竞争与人际的各种纷扰，往往会纷至沓来，使人应接不暇，搞得身心疲惫。活着，究竟是为了什么？可不这样又能怎么办？人生面临着一个个选择，层出不穷的苦乐，层出不穷的难题，都要自己一一解答，不能回避，没有依靠，也没有任何侥幸的可能，一切都要自己硬着头皮来应对。如果说在幼年，人生多乐少苦的话，那么，人到成年后，就开始接受一个个考验，各种问题会接连而至。此时，考验变成了对心理承受力的考验，如果你不能承受这种生命之重，那么，就只有被打趴下。

而佛教，由于其对人生的某种透彻解释，使它两千余年来成为人们心灵的慰藉。佛家说"人生就是苦"，这种苦是一种"逼迫性的苦"，所以世人无从摆脱。我们每个人像被风赶着的风车，完全不能自主，只有随风转动，方向在哪里？所向何终？并不清楚。而佛教理论，告诉我们人生的本质，面对无从选择的苦乐人生，如何在有生之年充实自己的精神世界，通过自己内心的力量，如何离苦得乐。所以，佛教也就具有了教化人心，给人慰藉的作用。

一般人也许认为佛教是迷信，或者认为它是消极的。其实，佛教虽然说"万事皆空"，追求来世的福运，它是离世的，给人期待的绝望；但同时它又告诉人积极地生活，不断精进，完善自我，实现自我，所以，它又是积极的，入世的。其实，佛教是通过改造人的内心，来完成对世界的改造，所以，它的力量更是坚不可摧，所以，两千年来兴盛不衰。

如何看待佛教，其实也全在己心。因为它是唯心的理论，所以，你的心态决定了它的形象。在一个消极厌世的人眼里，人生完全是空，是死，佛教在他眼里也就只有慰藉的作用，他对于人生的态度是回避的，退缩的；在一个热爱生活，真诚而坚强活着的人心里，佛教是积极的，他在佛教里看到了如何应对人生的各种困惑，如何提高个人修养，如何精进完善自己，如何宁静并丰富自己的内心，充满智慧和力量地活着；在一个真诚善良的人眼里，佛教是悲天悯人，是心怀对人生的悲悯意识，慈悲地看待人生、社会、人与人，理解并宽容对待万物，慈悲为怀，并相信善良的力量，以做善人、行善济世作为自己的人生追求……在一百个人眼里，佛教有一百个形象。

在一个健康心理的人眼里，佛教是别眼看世界，是给人力量的，而绝不是消极的。但是，正如南先生所说，佛教如百货店，可去可不去。如果一个人有足够能力安顿自己，活得十分热情洋溢，而且充满向上的力量，那么，不涉及佛教也很好，如果进入，就只把它当成一门丰富自己知识，提高自己修养的学问来看，倒也是必要的；但如果一个人有无法承受的生命之重，想从佛教那里得解脱，寻找慰藉，也是可以的，但如果完全沉迷进去，逃避现实，不问世事，又不能真正地做到无我而信仰佛教，只是沉迷到佛教的世界里，作用却是徒劳的——因为佛教并不能给你任何现实的解答和力量，只能让你日益意志消沉，越活越无力。这就是很多人，一旦遇到挫折，钻进佛教的壳里，以为可为自己遮风挡雨，但结果只能让自己更加穷困落魄。所以南先生说：除非你有志于佛学，否则不要轻易进入佛教的慰藉世界中，因为很多人进去了反而倒霉，让自己不伦不类的，让人左右看着你更不顺眼，不正常，这又是何苦呢？所以，消极的，缺少

南怀瑾佛学智慧

"我们大家学佛，有点颠倒因果。怎么说呢？'倒因为果'，这些学理和道理，不是我们的，而是释迦牟尼佛苦行那么多年以后，对弟子们的回答。人家把这个回答记下来以后，我们看了才懂的。事实上，不是我们懂，那不过是我们拿到佛的成果，加以接受而已。那我们应该怎么办呢？答案是：我们也应该走修行的路子。要学释迦牟尼佛一样，走禅定的路子，向真正的修持路上去求证。"

独立的心态，在进入佛教后，只会更加软弱，并不能真正得到慰藉——因为，真正强大的力量从来都是来自内心，任何外在的力量其实都不能帮你解决。

在积极自立的人眼里，佛教只是他的一种人生工具。他把佛教看成一种学问，所以，他看佛教，也是为了补充自己的知识，提高自己的修养，升华自己的人生智慧，提高自己的生存能力，而绝不是寻找解脱和慰藉，寻找外在的依靠力量。

有一个年过而立的男人，因为失恋的挫折，走进佛教世界。从此一心向佛，女朋友也不想找了，说没了热情，精神麻木了。于是，佛教成了他精神的寄托和生活支柱，工作也是将就着做，几乎是全部精力用来打坐，念经。他说，佛教成了他人生的信仰。这也许没有错，每个人都有权利选择自己想要的生活方式。

但是，他的问题就在于，因为学了点佛教知识，在自己的生活中，处处以佛教为指导，完全变得不正常了：饮食茹素，交际没有，亲朋疏远，独来独往，一个人到五台山，到西藏闭关，工作也不好好做了，父母亲人也不亲近了，有女孩子追求他，他开始还有些兴趣，反复几次，但最终选择放弃，以一心向佛为由，拒绝了一个痴情女子的爱情。他是家里的独子，父母为他操心担忧，但他去依然故我。才年过三十，看上去却像四十多岁，过早失去了朝气和活力。

你和他讨论一些问题，他动辄就以佛教理论为原则。让人觉得实在是中毒不浅。既然信仰如此虔诚，那么出家吧，又做不到；单从作为信徒来讲，他的信仰就有些偏执。佛教对于他，不是解放了自己，反而更约束了他，变得更加老气横秋；最主要是，失去了天性，意志消沉，失去了生活的热情和创造美好生活的能力，这就未免有些穿凿和愚蠢了。这就是佛教让它迷智，也迷失了自己，成为智障了。原本一个活生生挺可爱的人，因为佛教，变成了大头一个，石头一块，全然失去活力，这就是中了佛教的魔，不免有些可悲了。

现实生活中，许多所谓的佛教徒就是这样的，乍一看，道行不浅，令人敬仰，但细观察，却是不伦不类，人不是人，鬼不像鬼，实在可悲。

所以，佛教不能轻易信的，尤其对于年轻人，生活阅历不足，内心还不成熟，个人的思想体系学没建设起来，这样，在挫折时就难免要中佛教的消极魔障。而且，要想真正成为一个纯粹的佛教徒，也不是那么容易的，需要的不仅是人生的阅历，更要有一份超然的智慧。不是你有钱有闲，就可把佛教当成休闲品来悠闲的。而且，要信，就彻底地信，好好信；要么，不如不信，好好生活。

如果信佛，却以扼杀自己天然的生命活力为代价，那还不如信自己更好。如果你因为遇到了挫折就想信佛，那更是徒劳，从佛那里找不到力量，求佛不如求己。

　　云门宗原本是我国禅宗的一个小分支，影响不大，但到北宋时期，在雪窦重显禅师主持下，云门宗却盛极一时，成为一时的显教，历史上称为"云门中兴"。
　　云门宗宗风陡峻，以简洁明快、不可拟议的手法破除参禅者的执著，反观自心。它既不像临济那样棒喝峻烈，也不像曹洞宗那样叮咛绵密，而是以激烈言辞，指人迷津。

主持云门宗的雪窦禅师，四川人，俗姓李，少有大志，勤读诗书，写得一手好文章，还会绘画，因不喜世俗应酬，遂出家为僧，後师从光祚禅师。从此钻研佛法，但佛法精深，难以透彻。有一次，他被光祚打了一棒，豁然开悟。此后，又经过五年的修行，修养升华，得以独立。

雪窦禅师一生慈悲为怀，诲人不倦地传播云门宗教义，让人彻悟人生的真谛，由于他的标新立异和普法甚广，使云门宗在北宋禅林中独树一帜，引得不少僧人和士人，慕名而来，投师门下。

雪窦禅师著述丰富，尤其是他所著述的"颂古百则"，后来被圆悟加上垂示、著语、评唱，成为我国佛教史上影响很大的《碧岩集》，至今仍被奉为禅宗经典。

有一则关于雪窦禅师轶事，至今流传。

当初学佛时，雪窦曾经云游四方。有一天，在淮水旁，他遇到太守曾会先生。他乡遇故知，两人都很高兴，就寒暄起来。曾会问道："你这是要到哪里云游去？"

雪窦礼貌地回答："也许往钱塘，也许往天台去看看。"

曾会热心地说："我与灵隐寺的住持禅师交情很好，我修书一封，让他热情款待你。"盛情难却，雪窦就接过介绍信上路了。

但当他到达灵隐寺时，并没拿出介绍信来，求见住持，而是一直没身于一般僧众中，随禅师学法。这样，诵经参禅一晃三年过去了。

此时,曾会奉命出使浙江,顺道到灵隐寺来找雪窦。但问了好几个人,都摇头说不认识。曾会不得其解,于是,便到云水僧所住的僧房内,在一千多位僧人中找来找去,才找到雪窦。

然后,他问道:"为什么您不去见住持而在这里?是那封介绍信丢了吗?"

雪窦答道:"不敢丢弃,只是您好意相助,可我是一个云水僧,是来研修佛法的,不是您派来的督邮,没法替您在这里发号施令呀!"

"云水僧"就是行脚僧,是步行参禅,无一定居所,或为寻访名师,或为自我修持,或为教化他人而广游四方的僧人。"督邮"是古代各郡的重要属吏,代表太守督察县乡,宣达政令兼司法等。

雪窦这么说,意思是自己无权替曾会在灵隐寺发号施令,实际上是说自己不想靠曾会的关系来受到照顾,因为自己是来学法修行的,不需要特殊照顾。

说完后,雪窦从袖里拿出介绍信,原封不动地交还曾会。双方会意,哈哈大笑起来。

南怀瑾佛学智慧

"真正的修持需要真切的反省,名与利可不容易除去。我说得太客气了,不是不易去,是去不掉啊!真除去了这个名与利,修证的'行'字才有一点像样。"

曾会将雪窦引见给住持,并将这件"督邮"趣事讲给住持听。住持非常感动,认定雪窦品性高洁,严格自律,是个难得的人才。所以,当后来苏州翠峰寺缺住持时,就推荐雪窦任其住持。

后来,雪窦之所以能够引领起"云门中兴",就是因为他严格自律,真诚执著,独立自立,求己不求人,所以才创造了千古伟业,成为一代禅宗大师。

学法如此,做人做事更是如此。一个人,只有自立自强,才有可能承担起更大的责任,创造更大的事业,享受到非凡的人生境界。佛教也只是一个指引,起到启示作用,真正解决内心困惑的唯有自己。

事实上,佛教理论虽然高深,令人五体膜拜,但它不也是人创立的吗?所以,与佛教比起来,人的创造力量更显得可贵可敬。所以,看待佛教也应该批判性的,不失主观的创造意识。只有这样,佛教才对个人产生更大的助力。

南怀瑾佛学智慧

"站在物质文明的发展来说,时代愈来愈进步;站在人文、道德、精神来讲,愈来愈堕落,是退步的。所以我们现在讲时代进步,是站在物质文明的立场来说的,佛法是从人文的立场来看时代的。"

□修行，一生的功课

南怀瑾先生说："道理明白了，行为要配合得上，此即所谓'履践'的功夫。"

在这里，南先生所说的，主要是一个人修养功夫。而修养，不只是多看看佛学等哲学书就万事大吉的，而是需要很多磨砺，不只是道德学问的修养，更有身体力行的实践。

人的修养，不是一挥而就的，而往往需要不断的历练，不仅是生活经历，更有意志品质不断经受磨砺，加上自学的学习知识和提升能力，提高修养，如此，才能真正突破自己，获得成长成熟，重视修养的功夫，而且坚持不懈，贯穿一生。所以说，修养，不仅要有学习，要有自觉提高的意识，更要在现实中接受考验，亲自践行，在经历和体验的基础上，有所体会，加深认识，才能有所感悟，真正提高自己的思想境界，提高修养层次。所以说，对于有心向上的人来说，修养与奋斗一样，贯穿了人的一生，是一生的功课。

关于修养，在《华严经》中有这样的譬喻：

> 修习才能真正领悟佛道。比如说，一个人在水上漂流着，他很口渴，可是因为怕被水淹死就是不喝水，再渴也不张开口，最后就渴死了。
>
> 学习佛法时不修习佛法，只是听别人讲佛法知识，这就像人善于给人看病开药，自己的疾病却不能及时治疗而

最终病死一样。学法不修习，也好比是在为别人点数财宝，自己却没有得到半分钱。学佛法不修习，又好像聋子演奏音乐，别人得到了音乐欣赏的满足，而自己却什么也听不见。听闻了佛法真理的人，自己若不去修行，那么对自己一点好处都没有。

可见，修养的过程，就是实践的过程。不只是佛家的修行，就是普通人，也需要修养来完善自己，从而活出自己的精彩。**修养的收获，是化为心得体会，化为思想，提升自我境界，营养自己的人生。要想真正获得修养，光学习知识，是远远不够的，更主要是付诸于实践，要有生活。**

佛家的修行，更重实践精神。要求十分严格，不仅是修养自己，做一个道德人品没问题的人，还要修养自己的自我牺牲和忍辱的功夫。那些实践起来越是令内心痛苦的，让人煎熬的，也是最能修养内心的，修成后才能得正果。

日本有一位铁眼和尚，他发愿要建一个佛的金身。这个金身要用很多钱，只有一个办法就是募捐。这位铁眼和尚为了成就这件事，不怕种种困难，一直在坚持不懈地努力。

有一天，他到了一个小镇的闹市中，向过路的人乞讨施舍。有一位武士模样的人走了过来，铁眼和尚急忙施礼，并且说道："小僧誓愿建造金身佛，缺少资金，难以成事，请施主施舍一些吧。"

这位武士听完铁眼和尚的话，无动于衷地走开了。铁眼和尚追了上去，向他发出祈求，可是，武士并没有停下脚步,他的脚步反而加快了。当铁眼和尚紧跟在他后边,再次请求他的施舍时,这位武士明确地说:"不行!"

但是,铁眼和尚并不灰心,在日本,武士是有相当地位的,如果他们情愿的话,绝不会没有能力施舍。因此,铁眼和尚又紧跟在武士后边走了十几里地,最后,那位武士实在无可奈何,才向他扔了一文钱。铁眼和尚并没有因为这只有一文钱而不屑一顾,而是郑重地把一文钱从地上捡起,并用手帕小心地包起来,恭敬地向武士行礼。

铁眼和尚向武士道了谢,就按原路返回,继续募集善款。经过无数风霜雨雪,他终于募集够了塑佛像金身的钱,塑起了佛的金身,加上他热心修行,劝善修德,来他的寺庙的信徒越来越多。

尊严对人神圣不可犯,但铁眼和尚为了募集善款宁可放弃尊严,卑躬屈膝地求人施舍,面对侮辱也无怨无悔,这是一种为佛教事业舍身忘我的牺牲精神。他这样实践修养自己的品格,当然进步很快,最后成就非凡。所有伟人都是如此,想成大事,必要有修养的痛苦实践过程。

南怀瑾佛学智慧

"不管儒家、佛家、道家,以及其他一切的宗教,人类一切的修养方法,都是这三个字——善护念。好好照应你的心念,起心动念,都要好好照应你自己的思想。"

真正的修养，需要知识的丰富，但却不是书本所能解决的，更需要实践，需要生活的体验和感悟。因为知识，也是源于生活，学知识的目的，也是为了变成能力、思想，从而更好地生活。佛家认为："一切有为法，如梦幻泡影。"就是说，一切有形的，外在的东西，包括理论，终究是虚无的，只有留驻在心中的东西，才是真正属于自己的。修养，就是让自己的经验、实践和知识等升华为自己的感悟和思想。如果一个人像填鸭一样，头脑中灌满了知识，却不能学以致用，没转变为自己的思想，这种知识就会成为他的累赘，所谓"知障"，甚至还不如一个胸无点墨的人有自己的思想呢。

古人注重修养，以道德自律，并且把修养道德，作为人生的重要功课，在人生的最初阶段，就注重道德培养，致力于塑造一个完善的人的工作，把它作为安身立命的必要基础。纵观历来的高僧大德以及那些成就非凡事业的伟人，无不以道德自律，把做人作为做事的前提，一生奋斗自强，一生修养完善自己，最终成就自己的非凡人生。

相对而言，现代人最大的缺乏，就是自学修养的意识。不仅因为名利思想重，让修身养性成了一种奢侈的行为，人们无暇顾及；而且，更重要的原因是，心情浮躁，把修养看成是虚无不实惠的东西而嗤之以鼻。因为不注重修养，一味为名利奔忙，所以少思想境界，灵魂难以获得宁静，内心也少有丰实快乐；因为没修养，所以个人的道德水准上不去，素质不能提升，进而影响整个社会的道德水平。

事实上，修养看似无形无力，但其实无处不在，无时不在起作用。如果一个人修养不够，必然综合素质提升不上去，最终会影响他做人做事的水准和格调。俗话说：做事就是做人。做好了人,才能做好事。而要想做好人,就必须要有修养,修养好了,才能更好地做人。一个少道德自律,修养和境界不够的人,很难想象,他能成什么大器,能成就什么伟业。而在社会上,最终影响一个人形象和做事水平的,也往往是修养。

修养好的人,自然品德好,思想境界和风格高,也会富有情趣,气质儒雅,给人愉悦,让人喜欢信服,这样的人,有一种无形而自在的权威,往往成为众望所归的人物,领导众人。试想,一个靠自己的人格和品质征服了众人的人,怎么可能会没机会发展自己?所以,这样的人往往也能成就非凡的事业。

所以说,最终成就一个人的,是修养。

如果你想拥有儒雅的气质,高尚的人格,不俗的品位,那么就修养自己;如果你想更好地解惑人生,减少烦恼,更好地为人处世,做人做事,那么就修养自己;如果你想活出自己的风格,找到人生的真谛,找到快乐和幸福,那么就修养自己。**只有不断修养自己,才能提高自己的素质和品质、品位和格调,活出自己具有独特魅力的人生。**

南怀瑾佛学智慧

"心,要想它能定住,是非常困难的。所以一切学佛,一切入道之门,都是追求如何使心能定。"

□真诚活着最有力量

南怀瑾先生说:"现在社会上举办许多事情,内心没有真正的诚意。无论是宗教仪式或任何社会的宣誓,只要举起手来表示一下,心里完全没有庄重恭敬的诚意。冷眼旁观者看来,不得不油然而兴出感慨。这就是中国文化告诉我们的,事事要发自内心的诚恳,而不完全在于形式,一切形式,都必须配合内心的诚恳,才有意义。"

的确,当下社会,因为人心逐利,人们的言行都带有相当的矫饰性,似乎都带着一张面具,在社会上虚迂应酬。生意场上,应酬场合,推杯换盏,热闹异常,但少有真诚的笑脸,也少有诚信的允诺,很多话是说过作废,听过如风,所谓的快乐,也不过是浮浅的平庸的快乐……实在是自己觉得累,让人看着也累。

为什么非要这么活着呢?难道不这样不行吗?谁愿意呢?但身不由己而已。社会环境就是这样,讲诚信,真诚为人做事,往往会被"忽悠",上当受骗,善良的人们屡遭挫折,以致不敢再坦诚示人,只好学会谨慎,以自保为重。你不真诚,我不真诚,他不真诚,所以,形成了一个恶性循环,搞得人们不敢真诚,社会风气日益不好起来。

但与此同时,真诚又显示着无比的力量。

有一个销售经理,年销售额每年达到四五千万元,是业内的金牌销售。有人问及他成功的秘诀，他不假思索地说："真诚"。他与客户谈生意时，从不讲虚头过实的话，而是直截了当，平等互惠，真诚示人。对客户，他总是诚信为上，说到做到，从未食言违诺。不轻易承诺，一旦承诺，就一定要按时做到。

在生意之外，与客户打交道时，十分重情义，而且慷慨大方，请客吃饭，来往应酬，十分豪气，没有一点小家子气。所以，很多客户成了他的朋友。当然，也成了他长期的客户和生意伙伴。

不只是工作，在为人处事上，他也一贯的真诚。从不受周围和社会风气的左右。在问到他："你这么真诚为人，会不会上当呢？吃过亏吗？"他仍然是坦诚回答："当然吃过亏，也上过当。但我并不认为这就有理由不真诚了。相反，在大家都少有真诚时，我却以真诚示人，这样更容易获得信任。"

他在婚前交过多个女朋友，个个都很漂亮，但最终因种种原因未果，而且有一个比他要小十多岁的，欺骗了他的感情，最终离他而去。他自己说："在做事情时，我很理性；但在感情问题上，我十分感性。每一段感情我都很投入，很真诚，但结果却不是我所能掌控的。问心无愧就行了。"

在追求他现在的妻子时，他依然是真诚故我，而且十分直接。充满了自信、勇敢和坦诚，出手大方，令对方无可拒绝。追求女人就跟工作似的，十分直截了当，开诚布公，真诚得让女孩子感到他独特的个性和人格魅力。

第一次在网上认识，他就说："我喜欢你，你就是我要找的人。"

女孩说:"还没见到真人,你就这么有感觉?"

"是的。凭直觉。"

"那你喜欢我什么呢?"

"知性,善良。从眼睛里一眼看出的。"

然后,他就不容商量地追求女孩子。最初给人一种"厚脸皮"的感觉,但后来却发现,他只是对她如此。

每次要约见女孩时,他都是不容商量的口气,直接打电话或是发信息说:"我5点到你单位。等我。"也不问人家有没有事情,方便与否。

他出身农村,受过感情挫折,吃过不少苦,自己一切,都和盘托出,真诚坦白,没有假话。这让女孩感到他与别人是多么不一样,如此真诚、大胆,如此男人味儿,最终被折服,由喜欢产生爱情……之后,就是进入婚姻,由于彼此欣赏,理解,包容,所以能相敬如宾,和乐美满,幸福的生活从此开始。

每当别人夸赞他的工作能力和美满生活时,他总是自豪地说:"真诚生活,真诚做人做事,必然会有好报。"

南怀瑾佛学智慧

"一个人要先养成会享受寂寞,那你就差不多了,可以了解人生了,才体会到人生更高远的一层境界。"

古人说:"精诚所至,金石为开",说的就是真诚的力量。**古来的圣贤,或者是成就非凡的伟人,无不是不失本真天性的纯然赤子。所以,孟子说:"大人者,不失其赤子之心者也。"**

赤子之心是什么?就是坚守自己天性中的善良和真诚,不失本真;而且初心不改,始终如一,坚贞不渝,无论社会人心如何变幻,他都能坚持自我,不失孩提的天然纯真,真诚顽痴,他的所有悟性和能力,也来源于此,由此潜发而来。不失真诚的人,如果具备了良好的知识,可洞悉万物之理;如果具备了某种能力,可接济苍生,成绝代之功业。所以,古人说:"真诚,是圣人之本",以真诚要求自己,安身立命,修己安人,齐家治国。

佛家更要求纯粹彻底的真诚。"不打诳语",不能造诺言之"口业",以诚动心,以真诚度化人。如果心不诚,则不要修佛。所谓"有诚则灵",只有真诚,才能真正进入修行的虚静无我状态,才能真正有所成就。

一个对自己的人生有较高期待的人,会坚守自己的赤子之心,不失自我,不随波逐流,真诚地生活,真诚地做人做事;真诚面对自己,面对他人,面对人生,活出自己的成功人生。

南怀瑾佛学智慧

"一个学佛真正有修持的人,可以入定好多天,好几个月,你看他很有功夫,但是他的功夫是慢慢累积来的,就是把此心安祝。"

□毁誉不惊，定力自守

南怀瑾先生说："一般人对人事的批评，要多方面注意人情世故。当骂你坏的时候，什么都是坏的，没有好的；当捧你的时候，什么都是好的，没有坏的。但是不管捧与骂，都是有问题的。我们不要忘记了自己的本分，自己要很清楚自己，不要为这些毁誉所动摇，要问自己真正的作为。"

如南先生所说，面对人生的成败得失，面对别人的毁誉，一个人往往难以做到头脑清醒。不仅看不透名利得失，也放不下名誉思想；不仅看不透自己，也难看透社会人心。总是耿耿于成败得失，名利损毁。处在纷纷攘攘，皆为利来的名利场中，利欲熏心，心情浮躁，乱纷纷的场景，让自己几近迷离了心和眼，对己对人都失去了理智的判断力。

如佛家所说："人生的苦皆因欲望"，欲望不足，追求不断，得到这个还要得到那个，哪里有一刻停歇？

但人生和社会就是这样，作为世俗中人，往往难以摆脱这种利欲的羁绊。又有几个人能够真正看破，做到放下？尤其是当下社会，人心思利，唯利是图，不讲道德原则，自认为有钱有位就了不起，受人尊重崇拜，可以呼风唤雨，风光不可一世。我们被逼迫着，没有别的选择，只有参与到这种名利的竞争中，随波逐流。

南先生又说:"我们要注意到,天上的浮云是一下子聚在一起,一下子散了,连影子都没有。可是一般人看不清楚,只在得意时看到功名富贵,如云一样集在一起,可是没想到接着就会散去。所以人生一切都是浮云,聚散不定,看透了这一点,自然不受物质环境、虚荣的惑乱,可以建立自己的精神人格了。"

如果说富贵名利如烟云,看透了人生,那么人生还有何意趣?如果说耿耿于名利的追求,耽耽于其中,遂至不能自拔,又往往人为名利所役,更加难以获取快乐和自在,人生往往更容易陷入悲剧。所谓"人为财死",没钱时,想钱,在得到钱时,却发现钱原来并非自己的真正追求,它解决不了快乐和幸福。所谓"高处不胜寒",在没有得权位时,汲汲以求,想方设法,无所不用其极,而当得到时,却发现人生更不得自由,跌下去的危险也越来越让人惊心。

佛家说,我们都在一种"被逼迫"下生活,这是人生的无奈,也是人生的全部内容。为了解决此烦恼,佛家出世,修行来世,离苦得乐。这毕竟有些虚无缥缈,不是追求作为之人的人生。来世的福报毕竟太遥远,坚强活着的人必定是关注现实,以实现自我,追逐名利为人生的追求。

南怀瑾佛学智慧

"许多学佛修道的人,都说:唉!我万缘放下了。问他:那你现在干什么?他说:现在就是修道呀!对不住,一点都没有放下。学佛修道不是万缘里头的一缘吗?……一切无所住,这是真正的解脱,真正的放下,此人绝对可以见道。"

尽管追求的结果也许并无意义，但追求的过程却充满了战斗的快乐，是苦是乐唯自知，但强者从不计较得失成败，只一心向上，向上，直到生命的最后——人生的意义正在其中。

一个修养深厚的人，面对苦乐人生，就能够做到自知、自守，心有定力，定力出智慧。

能够自知，就是无论穷通，如果能做到正确认识自己，不因誉而骄，也不因毁而馁，对自我有清醒的认识，有明确的方向，知道自己需要什么，要往何方去。能够自守，就是内心有坚守，不随波逐流，不左顾右盼，不为外物所左右。有坚守，就有自己的志趣，有自己的乐趣，能乐在其中；并能够耐住寂寞，享受孤独，回归宁静状态，专心致志，在虚静中修养并提升内心境界，以达智慧。佛家说："境由心造"，就是说无论外面世界如何变幻，自己内心不倒，保持平衡，就可做到以不变应万变，不会迷失自我。

具体来说，就是尊重自我天性，发扬自己的优长，坚守自我节操和原则；有自己的追求和理念，一旦认定，坚贞不渝，善始善终，有选择性，有所不为；有自己的生活方式，不随波逐流，不会为别人或是周围所左右；能安顿自己的心灵，善于调节自己，有弹性地生活；无论幸与不幸，无论成败得失，无论毁誉，他都能保持清醒的认识，坦然接受，保有一颗平常心。

无论如何，都不会失去自我，永远知道自己需要什么，处在什么位置，应该如何把握自己，不失人生航向；无论社会人心如何变幻，他都能做到"守一"，以不变应万变，永远守护好自己的精神家园，坚持以自己的方式，走自己的路……

另一方面，人有定力，才能在宁静中专心致志做事；只有专心致志，才可能学有所成，做有所成。

唐朝时，有一位叫灵润的高僧。一天，灵润听说泰山灵岩寺有位僧人，道行很高，就前去拜访。

到了泰山后，灵润跟随僧人学习般苦行定，从早到晚，持续修炼。

刚开始时，他感觉疲倦，但他抱定"不成功、毋宁死"的决心，坚持修行，精进不已。不久，他便能在修定时忘记了睡觉和疲倦，身心却畅快无比。当时同修者有五百多人，都因耐不住苦寂而相继离开，最后只剩下灵润，坚持到最后。

灵润出身富贵人家，祖辈几代都是高官。出家后，灵润有时到家乡讲法，讲完就走，并不去见亲人。一次，有亲人去世，家里通知他回去吊唁。但他却坚定地说："我已投身空门，凡尘之事不再涉足！"当然心里也怀有悲伤，但决心已定，只好坚持拒绝回家，不让自己的修行半途而废。

别了静修，灵润离开热闹的京城，来到了南山西北的澧鄠，在林中守定修持。当时，京中的僧人空藏、慧琎、智信和智光和灵润一起到林中修炼。众僧修炼时，在恍惚中，就觉得自己置身于一个无边的坟场。一座座坟茔连绵不断，有新死者土尚未干的新坟，也有旧死者荒草丛中的老坟。只见从一个个的坟丘中走出一群青面獠牙的鬼怪，有的伸出长长的舌头，有的瞪着牛一样的血红眼睛，有的张开血盆大口……这些鬼怪一步步逼近修炼者，这些修炼的僧人吓得高声惊叫起来，有的倒在地上口吐白沫，面如土色。而灵润却独守定境，对这些鬼怪视若不见，鬼怪们只得识趣退去。修炼的众僧看到鬼怪们在灵润面前悄然退去，对灵润的定力佩服之极，都纷纷拜他为师。

又有一次，灵润和众僧登山游览风景，不巧，山中起火。众人都慌不择路，纷纷奔逃，只有灵润跟平常一样，缓缓行走，并不加快脚步。当火烧到灵润身边，却自然熄灭了。灵润对众人说法道："心外无火，火是由心而来。如果说心火不灭，外面的火是无法逃避的。"

灵润的定力非同一般。只有内心有了定力，才有力量对抗外界的困扰。

佛家的修持就是要培养人的定力，有定力的人，正念坚固，如净水无波，不随物流、不为境转，坦坦荡荡。有定力的人心地清净，不为假象乱象所迷惑，只有这样的修炼者，才能最终修成正果。

普通人同样如此，如果做到了毁誉不惊，定力自守，那么，他就不会为外物所左右，自然就可活出坚强而有力量的人生。

 南怀瑾佛学智慧

"道在平常日用间。真正的道，真正的真理，决对是平常的，最高明的东西就是最平凡的，真正的平凡，才是最高明的。做人也是这样，最高明的人，也最平凡，平凡到极点的人就是最高明的人。老子也说过：'大智若愚'，智慧到了极点时是非常平实的。"

□缘聚缘散，任其自然

南怀瑾先生说："禅的境界是，当你万缘放下，把身心都丢开以后的那个东西。明月下面看芦花，芦花是白的，月亮也是白的，白对白的，还有什么？一片都是白，空空洞洞，要你去找。"

南先生说的是，当你放下一切，五蕴皆空时，看到的就不是外在的东西了，那是什么呢？是自己的本心，是一颗天然的本真之心。

人生在世，会遭遇到什么人，什么事，每个人并不清楚。所谓人生际遇无常，而相逢也无常，所以说"相逢就是缘"。由于我们对人与事，人与人之间的相遇，在什么时空条件下，处于怎样的状况，能持续多久？这些都无可明确，所以，我们就用一个"缘分"来解释。无论深浅，无论好坏，都归结为一个"缘"字。

很多情况下，由于执著心，面对缘分，我们难以顺其自然地看待，做不到放下，尤其是放下自己的喜欢，由此产生出无限的烦恼。比如，你喜欢一个人，痴情追求人家，但人家无动于衷，或者不能与你共鸣合拍，最终离你而去；而你因已经投入无法释然，甚至因为不甘心失败而不敢相信这个事实，依然舍不得，放不下，穷追不舍，直到把人家吓跑，从此不现，连朋友也做不成。这不是执著弄的吗？

虽说执著追求是积极自信的姿态，值得发扬，但如果不能正视客观形势，不想可行性，能否实现，就冒然行动，结果终会像夸父逐日一样徒劳无功。这就是不必要的执著，是在强求，也是在自找苦吃，做无用功。

我们总是不自知。既对自己的能力有过高估计，也有太多完美的要求，于是给自己加压，苛求自己，转而苛求别人，给别人压力。是自苦也给别人烦恼。

一定要明白：有些东西不属于自己，就是努力也不会得到；而且掌握不住分寸，往往适得其反，过犹不及。所以顺其自然，学会舍得、放下最重要。自己喜欢的、想要的东西，当然舍不得，也不甘心，但是，如果明白了它不属于自己，就不会再耿耿于怀，再纠结不休，就会心里释然，任由其发展，顺其自然。此时，才明白，做人做事"拿得起，放得下"的道理在；才明白，不强求，不苛求，不完美的道理在；从此学会乐天知命，安分守己，在努力的同时，让一切顺其自然。甚至明白了有时糊涂一点更好，有时抱残守缺也许有必要，有时守柔示弱是策略，凡事不再争胜逞强，而只按自己的想法和能力，尽力做去，"成事在天，谋事在人"，不会再执著地自苦，不轻易生念，免得徒增烦恼；明白该放下时，只有放下，才得解脱，才得轻松，才能突破自己，开始新生，获得飞跃式成长。

让万事随缘，学会放下，这是成长的必然，也是修养的必然要求，否则，一个人难以成长成熟，也不会完善提高自己。而修养，不仅是修养学问道德，从知识和生活中领悟真谛，更是一种沉静自己，获得智慧的必要渠道。

人生在世，"不如意事十之八九，可与人言只二三"，世界本不完美，人生充满无奈。在成长的过程中，由于认识能力所限，我们对世界的认识也犹如井底之蛙，都是以个人意志为转移。事实上，只要是有些经历的人都有体会：很多时候，很多事情，并不以自己的意志为转移，个人的主观努力也往往会遭遇败北。我们虽然从小受的教育是"天下无难事，只要肯登攀""爱拼才会赢"，但并不是你一真登高，就一定能"一览众山小"，拼搏过度反自受其伤，"种瓜不一定得瓜，种豆不一定得豆"，就是说，有时结果往往不遂愿；而且，追求的过程中，往往充满艰辛和纠结，自身的成长也充满考验，充满成长的痛苦和煎熬；漫漫人生路，追求何其远？但是，没有一帆风顺，没有完美无缺，有的只是磕磕碰碰，"漫漫人生路，总要错几步"，在磕磕碰碰中，我们得以成长，日益成熟，学会修养自己，不执著硬上，明白古人所说的"顺应天道"，"顺其自然"，明白佛家的"缘聚缘灭"，让"万事随缘"。

当一个人修养日益深厚时，他看世界不会完美，看人看事也不是完美，所以对己对人不再苛求；同时也学会了宽容、理解，学会随缘。能做到此，就说明他在成长，在成就，其智慧也在提升了。

一个人学会了万事随缘，就获得了自我解脱，得解脱就得解放，得解放就得重生，得新生就得力量，这样，他只会越活越有力。

南怀瑾佛学智慧

"痛苦与烦恼是很难解脱的，佛也只告诉我们解脱烦恼与痛苦的方法。解脱是靠自己，不是靠他力。佛不过把他成就的方法告诉我们，你要自己修持才行。"

□人生真谛，寓于平淡

南怀瑾先生说："我们对于人生的很多概念，都有着似是而非的看法，比如道德，真理。人们常把那些所谓的'精辟'的言论视为人生的哲学，其实不然。事实告诉我们，越是真实的道理，越平淡无奇。"

的确如此，越是深刻的道理，往往越简单；最简单的往往也是最深刻的。深刻寓于简单。所以，人生的真谛，就在平淡中。如一杯白开水，看似平淡无味，但自成勾兑出各种滋味，而且各人的品味也不一样。一个人只有经历过了，生活过了，才能明白这个道理。

同理，一个人，年轻时，如果有些才华，或者做出些成绩，就难免会锋芒毕露，骄傲自满，张扬跋扈，觉得自己天下无敌。是个愤青，又像个刺猬，什么都不入他的眼，也刺伤别人，结果怎样呢？这样的人往往成事不足，败事有余。说到底，还是因为幼稚和浅薄，没有成熟呢。等到他的学问和经历到一定程度，他就会越学越感到自己的无知，而且认识到个人的渺小，"山外有山，楼外有楼"，从此开始有所敬畏，真正学会谦虚，学会低调收敛，谦卑做人；当他有了一些人生的经验，有了正反两方面的教训，才开始真正的成熟，明白人生的真谛，从此有意识修养自己，到了极致，看透了一切，反而会更加从容恬淡，更甘于平凡平淡，享受宁静自在的生活。

道理说起来很简单，但能够认识到的人并不多。所以，真正谦卑的人不多，真正淡泊的人不多。我们总在无休止的欲望中追求，名利、地位、快乐、幸福，一个都不能少。为此奋发图强，甚至挖空心思，无所不用其极，但是，结果呢？有人没有得到，为此痛苦沮丧；有人得到了，但并不以为满足，继续追求。但是，即便得到了最高的权位和名利，又能怎样呢？也许会发现：其实原没想象的那么好，才明白自己真正需要的也许不是这些。而自己应该抓住的东西，也许之前已经被自己忽略了，或者不屑地放弃了。此时，才明白：人生真正的幸福不在大富大贵，不在功成名就，不在金钱和地位，而在内心的一份充盈的宁静中；而这，往往在平淡平凡的生活中。

所以，**珍惜眼前拥有，能够过平凡的日子，能吃苦并享受寂寞，拥有一颗平常心，带着真诚并感恩的心态生活，就会拥有内心的宁静和从容，就会拥有真正的幸福和愉悦。**所谓"平平淡淡才是真"，确实如此。

一个人胸怀大志，发奋图强，最终能有所作为，建功立业，实现自我，同时接济社会民生，这固然是可贵的强者姿态。而且，每个人来到世间一场，也应该有这个积极的人生态度，对己对人都尽心尽力，认真负责地对待，努力在有生之年完成此生的使命，让人生无悔，这固然是应有的选择。为此，我们积极进取，迎难而上，力争上游，百折不挠，上下求索……但是，一定要明白："成事在天，谋事在人"，并不是努力就能成功，并不是付出就有相应的回报；而且，纵使得到成功，也未必有想象的美好，生活质量也未见得就提高。

明白了这个道理，就不会有不必要的、徒劳的执着，不会给自己强加不必要的压力，不做无用功。而是选择审时度势，认清自己，选择自己可以企及的人生高度。同时，看淡名利，不患得患失，怀一份超然的心态，学会进退取舍，让自己始终保持最佳状态，从而做到宠辱不惊，笑看花开花落，乐天知命，安分守己，脚踏实地，在平凡平淡中获得扎扎实实的成长和进步，这样，等机会来临时，反而更容易收获一份意外的惊喜。正所谓"无心插柳柳成荫"，很多情况下，越是意气昂扬地争取，反而得不到，因为不得时，不讲策略，一味冒进，所以终不得遇；而平时扎实努力，不显山露水，凡事谦卑低调的人，在机会来时，反而能抓住机遇。其中有深湛的智慧，只有聪明人才能领会把握。古人早就认识到这一点，所以告诉人，无论做人做事，还是面对成败得失，都要保持一颗平常心，这样才能进退有据，得失不悲，无论成败，都能因内心的沉静而拥有自我独立而宁静的生活。

从另外一个角度，如果一个人能始终如一地保持本色，不卑不亢，这也是难能可贵的。穷时如此，通时如此，无论穷通，皆不改其志，这样的人，很了不起。所以，南先生也说："如果一个人富贵名利都经历过了，还能保持平淡的本色，就很了不起。"为什么呢？因为他修养高，有一颗平常心，不失本真，不失自我。比如我国古代的陶渊明，甘于平淡，自愿解甲归田，过普通人的日子，这种境界是十分高的，而且品位不俗，所以他能写出那么恬淡而意境深远的诗句。这样的人，是人中高品。

事实上，人生最重要的也许不是功成名就，而是拥有宁静而丰富的内心，拥有快乐和幸福。而这些，不在功成名就中，不在大富大贵中，而在平淡的生活中。所以，只要你认真生活，就能品出自己生活中的充实、快乐和幸福。而且，只有靠自己来找。

□只有经历过，才算真懂得

南怀瑾先生说："现代许多年轻人搞的书刊著作，大谈国事天下事，头头是道，但文章是文章，天下事是天下事，这完全两回事。要做到事理合一，非有几十年亲身艰苦的经历，是不会了解的。"

现实中，的确有不少人，喜欢夸夸其谈，无论他发表的意见是否出于公心，但因缺乏实践，听起来总难免流于形式，没有实际价值。这种人，根本就是认不清自己，不知谦虚低调，甚至不知守自己的本分，这种人，要么自以为是，好为人师；要么喜欢管闲事，证明自己能力，表现自己，婉转诟病别人；要么就是喜欢搬弄是非，飞短流长，以品评别人为能事……如此种种，总之是对自己认识不够，素质不够，却总想发表些空论，其实，这些议论往往难起作用，也会根本上影响自己的形象。不懂得换位思

南怀瑾佛学智慧

"佛并不是权威性，也不是主宰性。佛这个主宰和权威，都是在人人自我心中。所以说一个人学佛不是迷信，而是正信。正信是要自发自醒，自己觉悟，自己成佛，这才是学佛的真精神……自求多福，自助而后天助，自助而后人助。"

考，更不要说善解人意，总是以自己之心度他人之腹，完全站在自己的立场，说自己的话，自己没有体验，怎么能随便发表意见呢？

很多人的言论不是自己的，是自己"学习"来的，搬用别人的，或者是想当然，主观臆断来的，所以其言论不合实际，没有价值。尤其是一些纸上谈兵的知识分子，最容易犯的就是这个毛病。胸有点墨，有些知识和文化，所以，动辄引经据典，谈而论道，听起来好听，但做起来不可行，不是理想化，就是不切实际，有的甚至是错误。正如知识不是学问一样，出口成章也不算才华，谈而论道，也不能说有真思想，也许很多是搬用，借来的呢。

真学问不只是知识，还有个人的生活经历，体验和经验，如此，才能产生自己的观点和思想；真学问不只是有理论，不能只务虚，还要有实践，还要务实，能够结合现实，学以致用，产生符合现实并指导现实的真观点。否则，没有生活，没有实践，没有思想，不结合现实，只埋头于书本，做案头工作，产生所谓高于现实的空虚理论，也是难免言过其实，或者言不合实的，最终难免掉书袋子，为所谓的知识束缚，失去个人灵性，成为失去个人观点的所谓知识分子。

生活中，很多所谓的知识分子，博学多闻，上知天文，下知地理，中知人事，说起来头头是道，引经据典；写起来洋洋洒洒，古今中外，信手拈来，真令一般人佩服投地。但你要让他做一件事，一件也做不好，而且还不愿意做。这种人，眼高手低，好高骛远，自以为高人，不做细事，所谓"百无一用是书生"，指的就是此类人。

有人文章言辞华美，引经据典，知识点很多，让人叹服，但仔细一看，却没有自己的东西，都是人家的。这样的文章，又有什么用呢？知识当然需要积累，但只有结合实践经验，升华出思想，才算是自己的；知识当然需要继承，但只有学以致用，才能真正起到作用。所以，书应该越读越薄，知识应该越积越少。如孔子所说："一通百通"，即融会贯通，越是有学问的人，就有种体会——越学越感到自己的无知，所以越来越谦虚。他学问的状态也是由不自由到自由境界了，所以感到，越是深刻的，也是越简单的；越是自然的，越是高明的。

而事实上，真正的知识分子，不是高高在上的，不是虚无的理想主义，而一定是关注现实，注重实践，让自己的知识产生思想，产生行动的力量的。**所谓"实践出真知"，真理往往产生于实践中，而不是书本；真正的学问是个人知识和体验升华出的思想和修养，而不是博闻强记。**

就此意义而言，经历和实践是十分重要的，也因此，南先生说，一个人没有经历过，不要乱发表评论；只有经历过，才有资格说话，因为经历过，体验过，实践过，有切身体会，说出的话才更有份量和参考价值。

所以，如果自己没经历过，就最好少发表意见，更不要乱加评论。因为无论你说得多么天花乱坠，但于实际，也许没一点意义。

佛家说的"不妄语"，就是说不乱发意见，也不急着下结论。天下事纷繁复杂，变幻万千，事物间又有联系，很多事情，不能妄加论断。更何况是没有经历，没切身体会呢？而语言本身，虽然为的是表情达意，互相交流，但并不能真正表达清楚。即古人所谓的"书不尽言，言不尽意"，所以，语言实际上很难做到"自圆其说"。就是因为人的内心世界很丰富，语言并不足以表露内心。佛家说的"一切有为法，皆梦幻泡影"，也有这个意思。佛家又主张"沉默是金"，是说，很多情况下，比起滔滔不绝，沉默更有力量。而且，沉默也会让一个人真正地沉静下来，提升修养，还能保护自己。

现代人喜欢表达自己，而且都口才了得。无论是口头还是书面，无论是报刊图书，还是电视网络，到处是吐沫飞溅，侃侃而谈，古今中外，信手"拈"来，这些说的，或者写的话，有多少究竟是自己的，有多少是来自个人生活的？我们表示怀疑。知识和信息爆炸的年代，手机、网络等新媒体承载着大量的信息，丰富着这个世界。既然前人和别人总结了这么多知识，生活节奏又这么快，才懒得独立思考，认真创造，所以，现代人工作中的很多内容，都不是自己去思考创造，更多的是查找、复制、粘贴，拿来为我所用，"山寨"现象充斥在整个社会，尤其是知识文化界。你看文化市场多繁荣，但有多少是个性的、创造的好作品？更多人，是在借话说话。不关注自己的生活，不思考，都学会了这种拿来而用的讨巧办法，而且表现出来的，点点滴滴都是自己的实践经验，自己的体会感悟，自己的创造。**他们会说网上都有，网络上都有吗？有也是别人的，不是自己的。**

人在这样的复制氛围中，越来越平面化，越来越面具化，思维越来越单一，本真和个性流失，活力和创造性减退，生活也越来越格式化，如果把握不好，容易依赖这些别人的所谓知识，自己完全陷入被动，直至迷失自我——因为不关注现实生活，也不去积极拓展自己的生活。

时下，很多人以网络为业，不少人靠网络来工作，网络占用了他大部分的时间，使他与外面的世界越来越远。更有那些与现实为敌，逃避现实的人，那些"宅男""宅女"们，他们的生活完全被网络所控制，一天没有网络，就要活不下去的样子。他们宁愿网聊也不愿找人聊天；宁愿网购，也懒得出门逛逛街，看一看真实的生活，日光下忙碌的人们，感受一下大自然，感受一下生活跳动的脉搏……

对于一个尊重个人天性和追求，真诚生活，坚持自我独立的人来说，在奋斗路上，他不会为外物所左右。他学习知识，工作努力，但更注重生活和修养；他借鉴别人，也适时拿来而用，但更坚持自我独立创造；他会工作，但更会生活。总之，他坚持根据自己的特点和要求，服从自己的内心，注重个人生活体验和实践，结合知识，走出自己的一条成功之路。

南怀瑾佛学智慧

> 看看看，古岸何人把钓竿。
> 云冉冉，水漫漫，明月芦花君自看。
>
> ——雪窦禅师

□行善惜福，才能得善果

南怀瑾先生说："以中国文化的《易经》的道理来说，认为天地间的事都有原因，有很多因素的。'其所由来者，渐矣。'都是慢慢转变来的。《易经》告诉我们，天下的事，没有突变的，只有我们的智慧不及的时候，才会看到某件事是突变的，其实早就有一个前因潜伏在那里。"

佛家讲因果报应，认为一切都有因果，昨天的因造成了今天的果。所以说："因果报应，报应不爽。"这种因果有前世因后世果的，有现世报的，而且认为这种因果报应屡试不爽。又说"善有善报，恶有恶报"，"种瓜得瓜，种豆得豆"。信佛的人必须积德行善，为积累福报。

《易经》说："生生这谓之易"，认为事物在不停地变化中，而且互相转化。所谓"物极必反""阴阳相生"以及现代哲学里所说的正反对立统一等，都说明了事物间的区别和联系，也即佛家所说的互为因果关系。

正因为人们认识到事物间这种前因后果的先后关系，所以古人早就认识到做人做事不能只看当下利益，只顾眼前得失，而是要顾及前因后果。所谓"一分耕耘，一分收获"，告诉人们只有努力，才有收获，没有不劳而获，天上没有掉馅饼的事儿。又有"不以恶小而为之，不以善小而不为"，告诉人们平生要积德行善，多做好事，积累福报，福传子孙。天下事，都有一个发展过程，没有一蹴而就，没有一帆风顺，但前后左右间自有承接和因果关系，也就是说，事物都自有一个规律存在，只有认识到这个规律，并遵循把握之，才能抓住发展的最佳时机。古之高人顺道而行，不得遇时，"潜居抱道，以待其时"，避世离居，审时度势，一旦机会来时，就及时出去，大展身手。正是因为认识到事物发展的因果规律，认识到了这个规律性的"道"，从而顺道而行，在平常人看来自然而然间，水到渠成地就做成了某事，高明就在此。其实，**做人做事，都需要认识到这种决定因果关系的"道"**。而这个"道"不仅是客观的，不以人的意志为转移的，而且是"善"的，有"德"的，否则不能称其为道。所以，古来那些搞歪门邪道的人，不务正业的人，无论他多聪明，他的聪明也是小聪明伎俩，最终因不合大道，不合德善而以失败告终。

孟子说"人之初，性本善"，并说"大人，就是不失赤子之心"，认为人天性本善，告诉人们要尊重天性，坚持本真性格，不失自我内心的善良纯粹。一个人如果迷失了自我，多是因为没守好本真。真正能做成大事的，往往也是坚守自我善良人性，心怀"至诚"，不失真性情，所以能成为"大人"，或者"圣人"。

南怀瑾佛学智慧

"真正的佛同其它许多宗教一样，是反对拜偶像的。那为什么画的佛，塑的菩萨都可以拜呢？答案是四个字'因我礼汝'。因为我的形像存在，你起恭敬心拜下来，那个像是一个代表而已。你这一拜不是拜我，是拜了你自己，你自己得救了。"

佛家的善，更为彻底，不仅要求内心回归本真和淳善，而且要求放弃"小我"，做到"无我"，躬行善事，行善积德，普度众生，以求福报。

惜福，就是珍惜眼前的拥有，带着一颗感恩的心生活，活在当下，脚踏实地。惜福，与行善紧密相连，一个行善积德的人，一定会善待生活，真诚生活，珍惜眼前的拥有，知恩图报，也怀一份感恩的心生活；一个惜福的人，一定会心有敬畏，守正守真，行善积德，相信善有善良，行善得福报。惜福，就是爱惜并珍惜眼前的一切，不浪费，不随意废弃，不仅能享受宝贵，也能在苦中作乐。无论穷通，都能坦然面对，找到一份意义，平衡自己的生活，活出最大的快乐。富不骄淫，穷不自弃。否则，只能是乐极生悲，或者穷困潦倒。

近代高僧弘一大师，曾经多次讲过"惜福"这个主题。"惜"就是爱惜，"福"就是我们常人说的福气。他自己就十分爱惜东西，从小就知道物力维艰，具有良好的习惯。

小时候，弘一大师的父亲请人写了一副对联，是清朝刘文定公的句子，挂在大厅抱柱上。上联是："惜食，惜衣，非为惜才，缘惜福。"以后，他和哥哥经常念这副对联，当时年幼的弘一大师从小就知道一米一饭来之不易。她的母亲也常常教导他：要爱惜衣食。否则就会损失福报，就会短命。

弘一大师学写字，总是拿整张的纸写，字写坏了再拿一张纸。看到此情形，母亲正颜厉色地对他说："孩子啊！你要知道，你父亲在世时（弘一大师六岁时父亲去世），不要说这整张纸不肯糟蹋，就是连一寸大小的纸条，他也不敢随便丢掉啊！"后来，他再也不敢浪费纸张了。

在母亲的耳濡目染下，弘一大师从小就养成了勤俭节约，爱惜东西，知福惜福的生活习惯。

后来，出家后的他，更是节俭。据他的学生刘质平先生回忆，弘一大师所用蚊帐，破洞共有二百多处，有的是用布补的，有的是用纸糊的。刘质平要给大师换个新的，可是，弘一大师就是不肯。后来，实在没法用了，才另外又买了新的。

无独有偶，近代净土宗的高僧印光大师，也是勤俭节约的模范。

有一天，有人给他送来一些白木耳等补品，印光法师自己不舍得吃，都送到观宗寺供养谛闲法师。有人问他："法师，这么好的东西，你自己怎么不吃呢？"印光法师回答道："我的福气很薄，不堪消受这么好的东西。"

印光法师有一位皈依的俗家弟子。有一次，两人一起吃饭。这位居士吃饱了，放下饭碗。看到他碗里还剩下一两粒米饭，印光法师就毫不客气地训斥道："你有多大福

南怀瑾佛学智慧

"'尊敬方知无可疑'，就是尊重，尊重就是恭敬。一尊重啊，当下可以悟道，所以只有感谢这一句话。"

气？可以这样随便糟蹋这些饭粒！你赶紧把剩下的饭粒吃光！"

有人说："一个人纵然有十分的福气，也不要享受十分，享受二三分就行了。"这样，他余下的福分，可留到后来慢慢享受，或者行善心，布施分离给别人，那就是了不起的人。

世间因果自有报，只在早晚而已。**行善就是积福；惜福就是要善待自己的福分。**如果一个人既能行善，又能惜福，那他的福气会越多，越大。

南怀瑾佛学智慧

"人生心为形役，我们人都做了身体的奴役，人生如浮萍一样飘浮在那里。一天忙忙碌碌，就是为了这个身体，为了一个思想、一点念头在忙碌，自己骗自己。"

第三章
修心养性，端正人生姿态

自重者，人恒敬之

南怀瑾先生说:"所谓'见危受命',你有时候会失去了自信,心里非常空虚……这就需要真正的学问,这个学问不是在书本上,这就是自重。所以一个人没有自信,自己也不重视自己,不自尊,'学则不固',这个学问是不稳固的,这个知识对你没有用,因此我们必须建立起自己的人格,培养自己的信心。"

一个人靠什么立起来？就是靠自尊自信。如果连自己都不重视自己，就难得到别人的尊重。我们常说"自尊、自信、自立、自强"这个"四自"方针，的确很有必要。

一个自尊的人，往往要强，因此会努力，努力有所得，然后获得自信，有了自信，奋斗才可能自立自强。当然，这里面，也有独立精神和人格的前提作用。一个不想苟且活着的人，必然会审视自己，培养自信自重的精神，然后为自立自强而努力奋斗，最终获得有尊严的生活，得到别人的尊重。

说起来，自尊心每个人都有，只是轻重不同而已，对自己的人生期待较高的人，要强的人，更自尊些。一个人，最应该尊重的就是他的自尊，自尊心最不能伤害；一旦有所伤，那是十分深刻的。所以，我们常说："不要伤害一个人的自尊，否则他会记恨你一辈子。"

自尊往往与人格精神相连。一个自尊的人，他也十分注重人格精

神，平时自觉完善自我人格，建设好自己的人格精神，从而形成自己内在素质的重要部分。

　　中华民族历来是一个自强不息的民族。我国古人就十分注重个人的自尊和人格建设，而且把它作为做人的根本。尊严高不可犯，人格精神必须独立。为了维护自己的尊严，坚持自己做人的节操，为此临危不惧，刚正不阿，大义凛然，可以慷慨赴死，可以舍生取义。比如饿死不吃嗟来之食的伯夷叔齐；宁死不屈，跳江而死的屈原；牧羊外邦而不改其志的苏武；不与世同流合污，宁愿退守山林的陶渊明；为民族大义，绝不低头的文天祥……都是为了维护自己的尊严。我国古代士人十分注重气节精神，由个人到民族，由此形成了中华民族自立自强的精神品质。也正是这个品质，才使中华文化绵延流长，生命力长盛不衰。在每个炎黄子孙的血脉里，都流动着自强不息的自尊精神。

　　著名画家徐悲鸿，年轻时在法国留学。期间，遇到了一个鄙视华人的法国人，他在中国留学生面前经常摆出趾高气扬样子，很少与中国人搭话。

　　有一次，这个法国人又出言不逊地高谈阔论，侮辱中国文化，说中国人是东亚病夫之类的话。徐悲鸿当时在场，看他不可一世的样子，实在忍无可忍。等他发表完议论，徐悲鸿找到他，要求单独与他签订一个约定：各自代表自己的祖国，看学期结束时，究竟谁的成绩更加出色。法国人仗着自己有点小才华，本来就目中无人，更不把中国人放在眼里。听徐悲鸿这么一说，痛快答应了。

　　一年后，发愤努力的徐悲鸿已经在巴黎举办了多次个人画展，声名鹊起，得到艺术之都的巴黎艺术界的一致认可。而那个骄傲狂妄的法国人呢?远远落在了后头。结果,他不得不向徐悲鸿表示佩服,并深深致歉,连说:"徐,中国人,了不起!"

徐悲鸿,以自己不屈的自尊和实际行动,维护自己和民族的尊严气节,最终证明了自己的实力,也为祖国争了光。

当然,现实中,也有许多不自重,没有廉耻的形象。究其原因,不是因为自暴自弃,就是因为误入歧途,近墨者黑。孟子说:"人必自侮,然后人侮之。"一个人只有自己不把自己当回事时,自欺欺人时,别人才可能不尊重你,甚至欺负到你头上来;一个人只有自己不思进取,不求上进时,才可能让自己掉队落伍,流于平庸甚至堕落。这个世界上,没有人视你为永远的敌人,能够打倒自己的,唯有自己,而能够解救自己的,也唯有自己。所以,自尊自重很重要。

那些成功人士,为什么能成功呢?最主要是他想成功,也就是说,他自尊要强,自信自重,力争上游,所以最终他们能自立自强起来。可见,自尊是一个人成长的最根本的动力和源泉,没有它,就不能成为人,也不能成长进步。而一个人只有当自己真正站起来了,才能得到人们的尊重,做到有尊严地活着。

南怀瑾佛学智慧

"儒家经常告诫人,不要得意忘形,这是很难做到的。一个人发了财,有了地位,有了年龄,或者有了学问,自然气势就很高,得意就忘形了。所以人做到得意不忘形很难。"

自尊的人，才会自爱；自爱的人，才可能爱别人。一个自爱的人，脸上自然会散发出爱的光芒，对别人产生温暖的爱的力量。所以，佛家认为，一个人培养慈悲心，要首先从自爱做起。爱自己了，才能最终忘掉自己，做到"无我"，才有能力真正爱别人，做到一个"大我"，活出另一番人生境界来。

当一个人做到爱他人时，反过来，他会得到他人更多的爱，从而更加自重自尊，在此激励下，更加努力精进，提高修养功夫，圆满自己的人生。

 南怀瑾佛学智慧

"人最佩服的就是自己，每个人都佩服自己。至于阿Q精神，没有办法跟人家打，不要紧，自认还是老子。所以人最崇拜的就是自己，这个叫'慢'。"

骗人就是骗己

南怀瑾先生说:"做人一辈子,要想修养到死都没有遗憾,如孟子所说'仰无愧于天,俯无怍于人',实在是伟大功夫。人骗人是常事,最妙的是人还都喜欢骗自己。可是到了自己要死的时候,仍骗不过自己。要想做到对人内心没有亏欠,就'如临深渊,如履薄冰'了。"

佛家说的"不打诳语",就是说一个人不能说假话,这是佛家最重要的修行之一。如果一个人说假话,骗人,那其实就是骗自己,不仅心上不踏实,而且最终也会为此付出代价。

人要想真诚地面对自己是很难的,不仅因为认识自我很难,而且由于人总是不愿意承认自己的错误,总是爱袒护自己。这样,就容易欺骗自己,自欺欺人,对别人也不会以诚相对。

为什么要骗己骗人呢?其实就是不能真诚地面对自己,源于内心的自卑,缺乏足够的力量,不能做到坦然面对现实,不能做到自我负责,根本来说还是实力不够。

现实生活中,有些人出于自卑和虚荣,害怕让人知道自己的缺点,于是吹牛,编造事实,掩饰自己的不足。很多人由于自尊和虚荣,或多或少都有自我欺骗的愚蠢。但现实终要正视和面对,所以,这么骗自己的行为,就是一种自欺,最终不仅不能掩饰住自己想掩饰的,还会更加没面子,伤自尊,而且还会因此影响到自己的信誉问题。因为不能真诚面对自己,别人也会因为你的不真实，或者说矫情做作，而不愿与你打交道，所以，这样的人，没有真正的朋友。

有些人，喜欢自己欺骗自己，活在自我设计的想象里也不敢面对现实。其实就是一种想入非非，结果往往事与愿违，而且弄得十分糟糕。

《大庄严论经》第十五卷中释迦牟尼说过这样一个故事：

> 有一个富人家的儿媳妇，容貌美丽，身材窈窕。有一天，因为无端受了婆婆的气，被婆婆责骂，一赌气就离家出走。
>
> 她走到一个小树林中，想要自杀。其实她不过受了一些窝囊气。所以，过了一会儿，她的气就有些消退了。加上不知道怎样才能自杀成功，就在小树林里走来走去。
>
> 她平日里出门少，一下子自由地游逛，兴致盎然，就爬到一棵大树上，想放松放松，也瞭望一番周围的景致。树旁是一个小水塘，游鱼几许，清澈见底，景色优美。她沉浸在美景中，有些陶醉了，早忘记了自杀的事儿。
>
> 这时，从远处走来一个女仆，她挑着水桶准备打水。当她走到水旁，忽然看见水中有一个美丽的倒影。
>
> 这是谁呢？左右张望一下，没发现有人。她不禁美滋滋地想：没有别人。那么，这倒影不是我的，那又是谁的呢？原来我的水中倒影这么美丽啊！
>
> 这么想着，又不禁心生一份惆怅。她叹一口气，自言自语地说："唉，我如此天生丽质，却干着这种给人挑水的重活呢，真是不公正啊！"
>
> 她越想越气，心中一时气不过，就把水桶打破，回到了主

人家。

到家后,女仆对主人说:"我长得这样美丽,怎么能干这样的下贱活?"主人被她的话弄得摸不着头脑。一看,水桶都被她打破了,不由得生起气来,训斥她道:"我是付了工钱给你的,要你怎么干,你就得怎样干,快干活去!"

别的仆人看主人生气了,忙过来劝慰主人:"这个女仆今天可能被鬼魅迷住了,所以才会说这样的混账话,干这样的蠢事。您消消气,别跟她计较。"

主人就又找了一个水桶,递给了这个女仆:"快去挑水去!等着用呢!"

女仆噘着嘴巴,提着水桶,闷闷不乐地又来到了水塘边。这次,她又看到水塘中那个美丽的倒影,它是那么清晰可见,这分明就是自己的影子啊!她心里又不平衡了,想到主人竟然指派自己干这样的粗活累活,气得又把木桶摔破了。

富家媳妇还在树上悠然自在地欣赏景致,舒散自己的郁闷之气,没想到遇见了这样戏剧性的一幕。她看到女仆怎样把倒影看成自己的,又怎样被主人训斥。然后返回来,又把木桶摔破。当她目睹眼前发生的一切,忍不住

南怀瑾佛学智慧

"信解受持",就是教、理、行、果。"信",把佛经的所有的教理信得过了。"解",解悟到佛学的各种义理。"受持",悟道了以后起修,修行以后证果,教理行果。

笑了。

女仆看到水中倒影竟然笑了，而自己实际上正哭丧着脸呢，便有所觉悟，抬头一看，树上坐着一个美丽端庄的女子！她服饰华丽，妩媚动人，自己根本没法跟她比，立即感觉羞惭万分，窘迫地低下头来。

讲完故事，释迦牟尼说："我为什么讲这样一个故事呢？这是因为世界上有很多倒见愚惑之众。"

接着，释迦摩尼说了一首偈语：

没香以涂身，并熏衣缨络。
倒惑心亦尔，谓从己身出。
如彼丑陋婢，见影谓己有。

释迦摩尼以女仆为倒影所惑这个故事为例，说明现实中自己欺骗自己的"倒惑"现象。

女仆为什么会产生"倒惑"呢？因为在他的潜意识，是有幻想和侥幸的，希望自己美貌和幸福安逸的生活。所以当这种情况出现时，她不免自我陶醉了，看不到本质，所以，她上了眼睛的当，自己上了自己的当。

因"日有所思，夜有所梦"，产生了"倒惑"。世上有不少人就是这样自己上了自己的当。骗子固然可恶，但上当之人，大多心有倒惑，所以才被假象所迷，看不清事物本质，从而上当受骗的。

还有一类人，总是自呈聪明，喜欢骗他人，甚至成了习惯，说假话一点不脸红，而且头头是道，口若悬河。有一个时下常被人们用的词，叫"忽悠"，就是欺骗别人。由于人心思利，忽悠现象在社会上几乎成为一种社会风气，人们最怕的就是被人"忽悠"了。而有一次"忽悠"人成功的，从此会接二连三，养成习惯，并不以此为羞，甚至还沾沾自喜，自以为聪明得意呢。因为忽悠成风，导致诚信危机。这不能不说是一个社会问题。

《孙子兵法》上说"兵不厌诈"，这是从战争和政治权谋的角度，并不是说做人也可以这样。而现代社会竞争激烈，优胜劣汰，无论是商场，还是人际关系等，都被视为一场没有硝烟的战争，所以，古代兵法上的一些或正或邪的策略和手段，都被人们拿来所用，为了利益，可以无所不用其极。如果说工作上可以使用手段的话，但做人上，却是不能伪诈的。因为你骗得了一时，可以暂时占上风，得一时利益，但骗不了一世。人虽然各有不同，但总体来说，智商也差不到哪里去，而且有时间来考验，是最值得信任的。

所以，一个骗人的人，最终也逃不过别人对他的揭穿和鄙视，最终会为此付出代价，就此意义讲，骗人就是骗己。《朱子语类》上说："欺骗别人的人，其实就是欺骗自己。"说谎的人，自以为可自圆其说，瞒天过海，但真相终有一天会大白，谎言迟早会被揭穿。

一个猎人上山打猎，突然，路途中窜出一头狮子，紧接着冲出一只老虎。

情势危急，猎人一时吓得手足无措，情急之下，看旁边有一颗大树，他匆忙爬到了树上。两头巨兽看他上了树，仰头张望，在树下走来走去。猎人一看，不妙，看来它们要上树了。他有些绝望地想："这下子可惨了，我命休矣。"

没想到，此时，两头巨兽为争夺这个猎物打了起来，两败俱伤，都死掉了。

猎人大喜，急忙叫上一帮人来，把狮子和老虎抬回山下，直到县衙。

县官一看，十分高兴。没想到这两只为害县里的猛兽今天终于被除掉了。他对猎人大加赞赏，奉为上宾。从此，猎人被视为英雄人物，方圆十里的百姓也对他十分敬重，他所到之处，人们都以好酒好肉招待他。猎人从未得到如此待遇，一时得意忘形，不知身在何处了。

不久，乡里又出现了害人的猛兽。于是，县官就让猎人去除害。猎人想到自己的实力，不免有些心惊，但为使之前的事不被泄露，为遮人耳目，他请求县官派给他一群哑巴和瞎子作为助手。

猎人带着哑巴和瞎子们上山了。刚到山上，他们还没来得及歇一口气，就看见一只猛虎，冲了出来。猎人吓得丢下同伴就爬上了树，故伎重演。一群哑巴和瞎子，看不到，说不出，更不知如何躲藏，大家只好硬着头皮硬上，齐心协力共战猛虎。一番搏斗，费了好大力气，大家才把老虎打死了。

猎人此时才从树上爬下来。然后，他又像前次一样，叫来一帮人，说老虎是自己打死的。瞎子们什么也没看见，只任凭他说；哑巴们明知他在吹牛，但因说不出来，也干着急没办法揭穿他。于是，猎人又被人们奉为打虎英雄，吹吹打打被迎回了县衙。

但是，猎人毕竟做贼心虚，心想这样下去，不是长久之计,他心想,还是走为上。于是,他就说自己有事要离开此地了。乡亲们虽然难舍,但也没办法,纷纷送给他许多银两作盘缠。

这天夜里,猎人酒足饭饱,得意洋洋地揣着银两翻山了。谁知走到半路,猛然间窜出一只老虎。猎人大惊,大呼救命……但是,乡亲们以为老虎都被打完了,哪里有人理他呢?最后,猎人很快成了老虎的美餐。

所谓咎由自取,虚荣夸口,不说真话,而且为一己私利,欺骗别人。实力没有,人品恶劣,这样的人,最终会为自己的这种行为付出代价。

 南怀瑾佛学智慧

"一心清净,这才是学禅。惠明问六祖:师父,五祖告诉你些什么秘密呢?六祖说:哪里有什么秘密!密,不在我这里,在你那里。这句话就是个大秘密。"

□放低姿态，才是真正的尊贵

据说，楚王听说庄子的才德，派了两个人去请做官，但庄子却不为心动。他对来使说："我听说楚国有一只神龟，活了三千多年，死后被供在庙堂之上。你们说这只乌龟愿意留下一堆尸骨摆在那里显得尊贵呢？还是愿意摇着尾巴活在烂泥里呢？"来人说："当然愿意活在烂泥里了。"

庄子说："这就对了。我还是摇着尾巴活在烂泥里吧。"

庄子看透名利如浮云，选择过自我自在的生活，所以拒绝邀请。

对此，南怀瑾先生说："庄子就是这样一个来去自由的人，他不受名利的束缚，不想失去自由，所以放低自己的身份，只想跟随自己的内心，做一个快乐的人。"

事实上，庄子越是这样低调，自己放低自己的姿态和身份，才更显得他的贤德和节操，所以更得人们的尊重和佩服。我国古代很多的士人知识分子，都是这样，不慕名利，"达则兼济天下，穷则独善其身"，而绝不会降低自己生活的格调和质量。修养道德，自我完善，坚持自我，一旦人生有所目标，始终不渝，可以说他们内心自有一份骄傲，但又心怀敬畏和谦虚谨慎，所以表现在外面的是谦恭礼让，放低自己的姿态，谦卑为人，所以更得别人的尊重和敬仰。我国古代的帝王将相，为什么能做到屈尊去邀请这些世间的圣贤大德呢？就是因为他们的才德，值得这么去做，所以，他们在至高无上的帝王眼里，虽无权位，但自有一份无上的高贵。

真正的高人，不会张扬，很少主动宣传自己，主动去邀取功名的，而往往是退避三舍。在不遇时，他们孤高自赏，隐居山林，但德名远播，馨香四溢，帝王得闻，宁愿亲自来拜访邀请。"终南捷径"，就源于此种社会现象。得道高人们，在不遇时，隐居山林，但并非真正遗世独立，而是顺应大道，"潜居抱道，以待其时"，旁观世事，审时度势，无一刻不关心国家大事。所谓"运筹帷幄之中，决胜千里之外"，外面的世界，其实都在他们的观察和预测之中。当机会来时，他们才有可能出来做事。那么，是什么机会呢？就是到一定时候，当君主们听说自己的名声后，每当帝王求贤若渴时，就直接邀请他们入朝为官，从而成为入仕的一条捷径。刘备"三顾茅庐"邀请诸葛亮，等等，他们凭什么这么有面子，得尊重，让高高在上的君主亲自来请？就是因为他们的才德，他们的低调姿态，所以他们更得尊重，君主们才会认为，屈尊下气地来邀请他们，或者请教他们，是值得的。

现代社会，主张宣传自己，不必要那么谦虚谨慎，也不回避骄傲地说自己的优点。所谓"酒香也怕巷子深"，广告学告诉我们：如果你不自我宣传，不会炒作自己，那么你就只能是"养在深闺人未识"，自认倒霉吧。因为竞争激烈，人才辈出，没有人会认为你谦虚低调是优点，没有人有时间和精力来邀请你，把你这颗金子从土堆里挖出来。你如果有优点，有能力，得赶紧宣传自己，找机会发展，没机会甚至要创造机会。最好善于炒作自己，把优点放大，把缺点也弄成吸引人眼球的优点，只要能让人们关注，能让自己名声在外，就达到了目的，就自有机会发展，甚至有人来主动找你——因为你具备了商业价值，有利可图了。所以，在当下社会，名利联系得越是紧密，有名就有利。为了出名，人们早把谦虚忘在了爪洼国里，更不会低姿态，而是争着抢着表现自己，上电视，上报纸，没有这种"露脸"的机会，就在网络上自我宣传，无论是裸露癖，还是自恋也罢，只要大家都知道我，出名啦，那就万事大吉啦。如果有人跟在屁股后头表扬一句，就要立即回应说："呵呵。谢谢啦。我觉得自己也很好。"

所以，现在人很少能耐得住寂寞。无论有才无才的，无论有机会没机会的，都普遍地浮躁和焦虑，急功近利之心，让人们无法真正谦虚和低调，也忘记了老祖宗的光荣传统。甚至很多人认为，那些都是过时的了，在现代没有价值。于是，无论是言行，还是穿着，没有一样不在宣传外露着自己，向人们告示着：来呀，看我这里，我多好看，我多特别。在纷扰的竞争中，我们都在内心里呼唤着：我什么时候才能出人头地呢？我生命中的贵人在哪里呢……

但是，一个真正有人生经验的人明白：谦虚谨慎和低调姿态，无论何时，都是必要的，而且是一种修养，一种为人处世的智慧。即使是这个时代，很多观念都是外来的，但中华传统文化的根脉依然发达，它延伸到生活的方方面面。在中国的土壤中生活，必须要接受中国的文化传统和为人处事方式。谦虚和低调，就是一个人修养的重要表现。有些体验的人都知道，一个人在社会上，如果总是高调宣传自己，张扬跋扈，锋芒毕露，不知谨慎和收敛，不懂韬晦，最终一定会碰壁吃亏的。而那些看起来谦虚守礼，沉静稳健，缺少个性，安分守己，不争不抢的人，往往得人尊重，得到机会。因为他符合了中国的传统理念和行为方式，让人看着舒服，而且修养高，智慧深湛，所以人不敢轻屑他，只有尊重他。这就是低姿态更得尊重的道理。

而事实上，一个真正有能力的人，也不在于你那么虚张声势地宣

传自己，只要努力做好了，自然会有人知道你，自然会享有盛名。无论中外古今，越是有水平的人，越是谦虚谨慎，低调收敛，不是做作，而是他越到高的位置和境界，越看到了自己的局限性，还有自己不知道的，有自己做不到的；能客观地对待世界和他人，也能包容。修养日益深厚，所以，智慧也越高深，德芳流远，人品高贵，自然就更得人尊重。

谁都想有尊严地活着，但并不是每个人都能得到尊重。人各有品，品有高下，如商品一样，高品者价值自然高贵。

佛说："一个人愿意放低自己的姿态，以平淡之心去面对人群，这样的人，才是真正尊贵的人。"

总之，人的高贵，不是别人给的，是自己给的。一个人的尊贵不在于权位，不在于外表，而在于内心，在于内在高贵不屈的人格和尊严，在于坚守的做人做事的原则和节操，在于一颗崇高的灵魂，在于平淡若素，宠辱不惊的心态……所有这些，表现在外面，就是谦卑而低调地生活。

 南怀瑾佛学智慧

"有些大思想家、大哲学家，不能成佛，因为生生世世爱好搞思想，永远搞下去，要好多劫才可以转回来。佛并没有说这样不对，而是可怜他们，被思想学识这个东西困住了，永远在那里转……所以我常说，许多读书的知识分子，夫妇间及家庭间，常常处得不太好，都是因为太过于向思想上面发展的缘故。"

□言行、知行合一，增长智慧

南怀瑾先生说："我们今天学佛的人，其实颠倒了本末。为什么这样说？因为我们过于重视理论的重要性，也就是对释迦牟尼留下的理论过分推崇，忽略了实践的功用。学佛本身更应当重视的是实践，而不是理论。"

佛家提倡言行一致，理论要用实践去"履践"，用实际行动去求证佛学，传播佛学，行善济世，而不是成天端着书本在那里看，坐在那里打坐念经，就是学佛了，那只是形式，光有那些是远远不够的，那是假学佛。所谓"救人一命胜造七级浮屠"，就是讲行动上做善事，远胜过念经和谈而论道。如果一个修行者不注意"求证"佛法，不行动，即使佛法从善如流，其修养和智慧得不到"精进"，终是没用的。

这里的实践，就是要说到做到，学以致用，做到言行一致，知行合一。

很多事，说易行难，说起来容易，但做起来难。这就更显得"做到"的可贵和难得。古人重"信诺"，就是说不轻易承诺，一旦言诺，就必须做到。所谓"君子一言，驷马难追"，这是一种自律，也是一种品质。否则，无以取信于人。而"人而无信，不知其可也"。如果一个人失去了信誉，那他无以安身立命，想在社会上生存立足也就难啦。

所以，在说话上，古人强调不能轻言；在做事上，古人强调要"有预才立",就是要有预计规划,更不是盲目行动的。强调言行检点,说到做到。不仅惜字如金,话如果不对,不合时宜,也是要"三缄其口"的。

孔子的学生曾子,就是一个积极践行知识,说到做到的人。

有一次,曾子的妻子要去集市买东西。他的儿子也吵嚷着要去。她安慰他道:"你好好待在家里,等我回来杀猪给你吃。"

一听到有猪肉吃,孩子立刻不闹了。而曾子的妻子,也不过这么一说,为了暂时哄住孩子,并没真正要杀猪的意思。

等她买完东西回家来,刚一进门,却发现丈夫曾子正在磨刀霍霍,准备杀猪呢。

她赶忙走过去制止,说:"我也就一说,你怎么还当真了呢?"

曾子认真地说:"大人说过的事情,就一定做到。如果大人言而无信,失信于孩子,让他失望,从此更不会听大人的话。所以答应孩子的事情,就一定要做到!"

妻子听了,也觉得有理,点头称是。然后,家里的那头猪,就这样被杀掉了。孩子吃到了猪肉,十分高兴,从此更加听从父母的话。父母的言行直接影响到他,所以他勤奋好学,说到做到,言行一致,在乡里孩子中成为一个备受称道的好孩子。

现代人呢?说话太多,但含金量有限,成色不足,真话不多。不仅随意就说出口,而且不负责任,往往说到做不到。整个社会信仰

危机，诚信不足。人情冷淡，日益疏远，人与人之间的信义也成了问题。"忽悠"成风，随意承诺，但因为总是变卦，承诺也变得不被重视，人们就越来越不敢轻信了。诚信讲了几千年，到今天这个应该最讲诚信的经济社会，但说到做到的诚信却成了一个问题，不能不引人深思。

再说到知识和实践的问题，同样值得重视。其实就是理论与实践的问题，也是说了几十年，但能够真正做到的人并不多。不是理论为主，高高在上，本本主义，就是盲目实践，缺少理论先导。这其实就是儒家讲的，"知行合一"。传统社会，儒家的知识分子十分强调"知行合一"，就是说，做学问一定要与做人做事相结合，否则学问做不成，做不好。研究学问，也一定要与实践相结合，这样才能得到求证和深入，否则无以求新，不能做到"为天地立心，为生民立命，继往圣开来学"，成就不了真正的圣贤学问。古之学问不是虚的死的，而是用来"经世致用"的。

今天，同样如此，一个人的学习只有结合实际和实践活动，才能有所作为，而不是死读书。通过理论和实践的结合，达到学以致用，体用结合，达到二者尽可能的同步发展，才能学以致用，真有所成。

人的智慧从哪里来？除了知识，还有生活，没有知识，生活盲目，没有生活，知识成了无本之木，无源之水，终是浮的，漂的。只有知识结合了经历和实践的体验和感悟，才能转化为思想，升华成智慧。

无论是知识分子，还是普通人，都必须注重实践，学以致用。知识是人类智慧的结晶，浩如烟海，学海无边。在有限的人生中，我们不可能全部掌握，只能是选择自己想学的，自己能够学会的，适合自己的知识来学。但是，光有这些知识远远不够，只能说是了解了前人的东西，这些东西对于自己生活的现实有没有意义，有多少意义，如何学以致用？还需要自己去验证，去发现，去创造新知识。怎么发现创造？就是实践。

所以一定要关注现实，活学活用，学以致用，这样，知识才有意义，生活才因有知识的指导显得更为从容而蕴藉。我们活在现实中，每个人的生活只有这一次，这个生活是自己独有的，我们理应积极而创造性地生活，完成自己此生的使命。

相信每个人都不想苟且或死板地活着，都有一个自己的"野心"，人就应该有这样的"野心"，然后积极努力，充实自己，注重实践，才能获得成长和成功，充实和智慧。

每个人都应该充满自信和热情地创造自己的新生活，从中得出自己独有的感受，升华出自己的经验和智慧。如果能以此丰富社会和人类的知识智慧，那就是最大的贡献。

南怀瑾佛学智慧

> "凡是你有什么境界，都是假的，那是你修得出来的，不修就没有了。你说打起坐来有境，不打坐就没有了；境界就是相，凡所有相，都是不实在的。"

不以貌取人，关注内在本质

南怀瑾先生说："待人的时候，不一定看到表面化的'巧言令色'。"

看人不能看外表，就像事物不能看表面，要看本质一样，人也要看大方向，看其实质。

佛教是唯心的，认为一切皆由心造，外在的物质世界虽然扑朔迷离，但如海市蜃楼，都是幻象。对于我们的外在形象，佛家说："不过是一副臭皮囊。"为什么这么说呢？无非是看透了物质纷繁外表下的彻底本质，让人们不要为外在的丰富所诱惑，以致迷离，失去自我，失去内心的宁静和沉着，更增人生的烦恼和痛苦。说到底，佛家否定外在的一切表象，旨在让人们忽视外在，直指内心，回归本真，守护好自己的精神家园，不为物惑，不失自我，活出丰实而圆满的幸福人生。

毕竟物质是客观的存在，而且承载着许多东西，眼目所及处，都是物质，都是表象，它们与我们须臾不可离，我们也离不开它。作为普通人，我们没必要像佛家那样看透一切，也没必要活在唯心的世界，但其透过现象看本质，不为物诱，关注内心，注重内心精神建设的主张却是现代人应该学习的。

现实社会的表象确实纷繁复杂，而且多变。面对表象，我们往往陷入迷离中，失去判断力。面对闪烁不定的霓虹，我们被迷惑，欲望膨胀，也希望自己能拥有灯红酒绿的生活；看到别人名利双收,得意人生,会心生羡慕;看到人家,才貌双全,自己也本能地心生妒羡;看到乞讨肮脏的乞丐,也会势利地投以鄙视厌恶的目光……

眼前的世界真善美与假恶丑并存,我们并不能真正的看透其本质;男女老幼,各色人等,交织穿梭在自己的眼前,我们很难看到他的善恶和内心本质,往往以貌取人。

中国自古就有以貌取人的传统,据说孔子有一个弟子叫澹台灭明,字子羽,想要侍奉孔子。但孔子却嫌弃他相貌丑陋,以为貌丑的人资质低下,不能成才。但结果却让孔子十分吃惊——子羽后来因为道德高尚,为人正直,在民间获得了很高的声誉,师从于他的弟子达三百多人。

对此,孔子曾经惭愧地说:"我只凭相貌来判断一个人的品行好坏,看错了子羽。"

这正是"以貌取人,失之子羽"这一典故的来历。

可见以貌取人早就存在于社会中,就连孔子这样的圣人也不能免俗。

南怀瑾佛学智慧

"所谓般若智慧不是普通的智慧,是指能够了解道、悟道、修证、了脱生死、超凡入圣的这个智慧。这不是普通的聪明,这是属于道体上根本的智慧。拿现在观念来讲,就是超越一般聪明与普通的智慧,而了解到形而上生命的本源、本性。这不是用思想得到的,而是身心两方面整个投入求证到的智慧。"

唐玄宗时，有一位文才出众的书生，诗文十分好。但长相丑陋，因此处处遭人歧视。科举考试中，他一路顺利通过，但却在最后殿试时遭到了挫折——唐玄宗看他的样子，实在看着生嫌恶，于是就取消了他的考试资格，理由就是：长相太难看，有辱斯文！

可想而知，这位书生有多么生气。一气之下，他就以死来报复这个不肯给他机会的社会。

据说，他死后，在阴间做了判官，就是大名鼎鼎的钟馗。

其实，天生万物，是平等的，你多了这个，必然会少了那个。相貌丑的人，往往有时会有其他方面的优长，比如智商，比如人品，可能会比一般人还要超出一些。孔子的学生子羽，和传说变成钟馗的那位书生，不都是这样吗？比起别人，他们的智商反而高呢。

当下社会，虽明确不让有任何性别、身高、年龄、地域、长相等歧视，但实际上确实存在着某种以貌取人的偏见和歧视。比如单位招聘人才，除了特殊部门和岗位，有的单位录用人才还是提出了许多令人不可理解的条件：有的不要河南人，有的不要相貌丑的，有的不要女性……其实都是一种不实事求是，不问能力，却以貌取人的错误观念。

相貌堂堂，是看起来体面，但也许"金玉其外，败絮其中"呢；相貌丑陋，不能让人赏心悦目，但往往智商不浅，有真才实学。

如果一个单位以貌取人，会失去可能降临的优秀人才；一个人，如果以貌取人，可能会因此失去一个最好的朋友。

佛家从来不关心人的外在形象，他们修的是内心情，旨在悟大道，寻求自我的解脱，追求内心的安宁和境界。

我们应该学习佛家不看表面，只看本质的精神，不被纷繁的世象所迷惑，也不以貌取人。只有如此，才能日益提高洞察力和判断力，增长智慧。

 南怀瑾佛学智慧

"真悟道的人，智慧开发是无穷尽的，佛学的名辞叫做无师智，也叫做自然智。自己本有的智慧仓库打开了，不是老师传授给你的，是你自己固有的智慧爆发了，天上天下，无所不知。这就是境界般若。"

□自以为是的人最难度

南先生还经常告诫别人说:"不要以为自己很高明。"

南怀瑾先生被人称为国学大师,但他本人从不以大师自居。他的学生都以他为荣。南怀瑾先生可以说是桃李满天下了,但他却不以老师自居。他说:"我从来没有一个真正的学生,也没有收过一个徒弟。我最讨厌人家把我当成偶像。吾乃一凡人,不足让人盲从我。"

现实中,我们会发现:**学问越高的人,越是谦虚,不耻下问;越是学问浮浅的人,越是不懂装懂,自以为是,到处张扬,锋芒毕露,最终落个惨败的下场。**历史上孙膑和庞涓的故事就可说明这个道理。

战国时期的孙膑和庞涓,都师从于鬼谷子,在深山老林里学习兵法和纵横之术。二人经常切磋学问,同学情谊甚笃,还曾结拜为兄弟。

一年,魏惠王张榜求贤。庞涓听说此事,耐不住深山的寂寞,以为自己学有所成,是该大展身手的时候了。于是辞别老师和师兄孙膑,出山寻求富贵。但孙膑却并不为所动,他认为自己才疏学浅,兵法之学还不扎实,决定继续在深山安心求学。

庞涓求见魏惠王,向他讲了些富国强兵的道理。魏惠王很欣赏他的才能,拜庞涓为大将。

终于有了施展才能的机会，庞涓十分高兴积极。他天天操练兵马，整饬部队。在他的领导下，附近几个小国先后被打败。后来，齐国也被他打败了。

庞涓的军事才能，从此大振，魏惠王更加看重他。而庞涓自己呢？也有些沾沾自喜了。但他心里清楚，他的同学，齐国人孙膑，本领比他强。据说，孙膑是吴国大将孙武的后代，他有祖传的《孙子兵法》。

魏惠王也听到过孙膑的名声。一次，他跟庞涓说起孙膑，希望得到孙膑这个人才。于是，庞涓就派人把孙膑请来，跟他一起在魏国共事。

但是，庞涓却是妒贤嫉能之人，生怕同学风头超过自己。于是，为了加害孙膑，他在魏惠王面前进谗言，诬陷孙膑私通齐国，是潜伏的特务。

魏惠王一听，这还了得。于是，一怒之下，给孙膑治罪，让人在孙膑的脸上刺字，并剜掉他的两块膝盖骨。

当时，幸好齐国有一个使臣到魏国访问，偷偷地设计把孙膑营救了出来，带回齐国。

齐国的大将田忌，爱惜孙膑的才能，就把他推荐给齐威王。齐威王和孙膑一番交谈后，对孙膑大为赏识，相见恨晚。

公元前341年，魏国派兵攻打韩国。韩国向齐国求救。那时，齐威王已死，他的儿子齐宣王，派田忌、孙膑带兵救韩国。孙膑使用以前他自己创造的"围魏救赵"之策，解了韩国之围。

庞涓得到本国的告急文书，只好退兵回去。此时，齐国的兵马已经进入魏国。魏国发动大量兵力，由太子申率领，抵抗齐军。这时，齐军已经退了。

庞涓察看了一下齐军扎过营的地方，发现齐军的营盘很大，他叫人数了数做饭的炉灶，足够十万人吃饭用的，庞涓吓得哑口无言，沉默不语。第二天，庞涓带领大军赶到齐国军队第二回扎营的地方，数了数炉灶，只剩下够供五万人用的了。第三天，庞涓的军队追到齐国军队第三回扎营的地方，仔细数了数炉灶，只剩下两万人用的了。庞涓这才放了心，笑着说："我早知道齐军都是胆小鬼。十万大军到了魏国，才三天工夫，就逃散了一大半。"

他吩咐魏军日夜行军，循着齐国军队行军的路线追去。一直追到马陵，当时天色傍晚，马陵道又十分狭窄，路旁边都是障碍物。庞涓恨不得一步赶上齐国的军队，就吩咐大军摸黑往前赶去。忽然前面的兵士报告说："前面的路被木头堵住啦！"庞涓上前一看，果然见道旁的树全砍倒了，只留下一棵最大的没砍，他细细瞧去，那棵树的一面还刮去了树皮，露出一块白树瓢来，上面影影绰绰还写着几个大字，因为天色昏暗，看不清楚。于是，庞涓就叫兵士拿火把来照。趁着火光一瞧，那白树干上赫然写着："宠涓死于此树下。"

庞涓大惊，猛然醒悟，连忙吩咐将士撤退，但为时已晚，四周埋伏的齐军，见到火光，立即万箭齐发，无数箭只，冲魏军射来。一时间，马陵道杀声震天，到处是齐国的兵士。

原来，这是孙膑诱敌深入之计策，庞涓中计了，这就是历史上著名的"减灶诱敌"之术。孙膑算准魏兵在这时辰到达马陵，预先早埋伏了一批弓箭手，吩咐他们只等树下有火光，就一齐放箭。

庞涓走投无路，只得拔剑自杀，这个自大卑鄙的人得到了应有的下场。而孙膑呢，由于兵法精湛，屡战奇功，所以备受人们敬重。而且，他写下了著名的军事理论著作——《孙膑兵法》，一直流传到现在，成为享誉世界的军事家。

骄傲来自浅薄，狂妄出于无知。一个人自以为是，是因为他对自己和他人都缺乏正确的认识，又固执己见，或者妒贤嫉能，心怀不轨，当然最终没有好下场，所以"骄必败"，凡是自以为是的人，最终会遭遇败北。而谦虚谨慎之人，他心怀敬畏，虚心求学，而且走中正之道，所以，他的知识和智慧越来越高，最终成就非凡的事业。

佛家说："自以为是的人最难度"。他做人做事不知谦卑，固执己见，自然就固步自封，难以长进。做人不到位，而且自以为是，听不进别人的意见，怎么能够长进呢？

日本的南隐禅师，是一位得道高僧，广受人们敬仰，向他求教的人总是络绎不绝。

一天，一位大学教授慕名而来，向他请教禅学问题。盘腿坐定后，大学教授侃侃而谈，滔滔不绝，有理有据，分析透彻。很快，他就口干舌渴，喝了杯中的茶水，南隐禅师又给他续上茶水，眼见得杯子满了，但南隐禅师还是不住手，茶水随即就溢了出来，但他还在不停地往里倒，他好像并没有注意到茶水已经满溢出，丝毫没有停止的意思。

教授不禁纳罕，起初他认为自己是客人，不好意思提醒主人，不能太多嘴，但当他看到不断从水杯溢出来，实在忍不住了，就打破沉默，开口提醒道："禅师，杯子已经满了，够了，溢出来了！"

南隐禅师好像没听见似的，继续悠悠倒茶水……

教授又忍不住说道："禅师，杯子满了，水太多了，已经溢出,您为什么还一直不停地往里倒水?"

听到这个问题,南隐禅师才停住倒水。

教授忙问:"请您赐教!这其中有何禅机?"

禅师不紧不慢地回答:"你刚才的一番言谈,就像这个杯子,已经注满水,注满了你固有的想法和观点。如果你不想办法倒空,我怎么对你解说禅的道理呢?"

大学教授恍然大悟,羞愧难当,拜谢而去。

宇宙浩渺,个人如沧海一粟;生命有限,每个人都有自己无法超越的局限,我们有什么资格自以为是呢?虽然自信当然要有,尊严和傲骨当然要有,但做人最不能要的就是骄傲,最可怕的是自以为是,固步自封。如果自己不思悔改,那谁也救不了你。

南怀瑾佛学智慧

"人生也本来如此,像蜜蜂一样,把百花辛辛苦苦采来,酿成蜂蜜,结果呢?这个蜂蜜自己吃不到,为谁辛苦为谁甜,这是感叹人生。那么佛呢,他倒不是为这个辛苦,他为了度一切众生,为使众生个个见自性成佛而辛苦。可是本来无我,为谁辛苦呢?"

第四章
积极精进,有作为的人生

□ 别想太多，只管做去

南怀瑾先生说："到今天为止，据我所了解，有些人如果要他去做事，先把一切计划理由告诉他，他去做起来一定很糟糕。好像带部队，下命令，三百公尺，限五十秒跑到，跑得到有奖，跑不到处罚。结果跑到了，奖赏他就是了，他一定非常高兴。假如先告诉他理由，什么政治学，什么心理学的，结果跑到半路上研究起心理学、政治学来了，目标一定达不到了。"

孔子说："学而不思则罔，思而不学则殆"，就是说光学习，不思考不行；光思考，不学习也不行。必须二者有机结合起来，才能达到最佳效果。

学习如此，做事情也如此。虽然我们经常说"凡事预则立，不预则废"，但如果想得过多，却不积极地及时行动，那么事情也不可能做好，因为可能失去了做事情的最佳时机。

所以说，对于想和做，想如何做，当然有必要，但关键的还是行动，有行动推动事情向前推进；而且还要有把握做事情的最好时机，否则，不可能做成事情。在此意义上讲，做事情不能想得太多，想得太多，不仅会延误时机，而且因为有心理上的负担，做事就不能放开手脚，这样反而于事情不利，结果完全可能适得其反。

喜欢左思右想，瞻前顾后，考虑得太多，也往往因为追求完美，而且想面面俱到，结果不仅失去做事的最好时机，也顾此失彼，于事无成。所谓"完美是美的敌人"，"水至清则无鱼"，就是这个道理。做事情，抓住关键的和重要的环节，才是最重要的。

想得太多，如果不得要领，根本缺少实践，也是想不出所以然来的，而且会越想越乱，陷入思想混乱状态，更不利于接下来的行动。好比佛家的参悟，参悟佛法，必须在宁静和禅定中进行，心无他念，进入虚静无我的状态，这样，才能在定力中产生智慧。如果脑子里装着事情，不能清静，纠结不休，那一定无法入静，就不会有定力，没定力不可能知般若智慧。

事情都有事机的存在，瞻前顾后不行，犹豫不决不行，面面俱到不行，必须抓住当下，一旦认定，迅速行动；做事情必须投入才行，人的精力有限，不可能三心二用，朝思暮想不行，得陇望蜀不行。如果不果断又不投入，那肯定于事无成。

但人心是复杂多变的，要想做到宁静并不容易，要想做到投入也不易。尤其是现代社会，世象缤纷，迷人心眼，人们生活在多元多诱惑的社会中，难免心情浮躁，见异思迁，心灵很难宁静，所以做事难以专心致志，不是半途而废，就是复制抄袭，

南怀瑾佛学智慧

"真正的福报是什么呢？清净无为……清福每个人都有，我们每一个人都有清闲的时候，可是一天到晚无事，闲在家里，你闲不了啊！有清福不会享！一切人都把不实在的东西当成实在，真的清净来了，他也不会去享受。真福报那么难求吗？非常容易！可是人到了有这个福报的时候，反而不要了，都是自找烦恼。"

而且急功近利，只看眼前的利益，很少有耐得住寂寞的独立创造活动。

各种信息和知识虽然充斥在各个领域，但自己真正需要的其实很少，而且，这些所谓的信息往往还影响了我们的生活，束缚了我们的思维，让越来越多的人变得更加依赖它们，而放弃了独立思考和自己动手的能力。这样，就造成了人们现在做事情，说得过多，想得过少；或者想得过多，但真正做的很少，所谓做，也多是挪用，复制，一切都流于格式化操作，所以很难有独创性的事情，也就难有杰出的创作。

如何让自己摆脱内在的和外在的束缚，让心灵归于宁静，在宁静中投入做事情呢？也许应该从以下几方面入手：

第一，凡事要预计、规划，但只要明确的就立即行动，而不能在犹豫不决中失去做事情的最佳时机。

第二，关注现实，把握当下，有时间观念，做事情果断而迅速。

第三，内心有坚守，不随波逐流，有自己的志趣和生活方式，能调节自己到最佳状态，以不变应万变，保持内心的从容和宁静，专心致志做自己的事情。

第四，不受外在的大量信息的束缚，保持内心的纯洁，保持自己的独立思考和行动能力。关注现实，注重生活体验和实践，少受电视、网络等影响。

第五，注重行动，培养执行力，做事情不仅要有时间和效率观念，更要有机会意识。

第六，凡事有计划就行，不求完美，不要想太多，面面俱到，也不必问结果，只管专心做去，才可能有成。

总之，一个人只要多一些实事求是，多一些成熟和客观，就会多一些对事情的把握能力和行动能力，也不至于受外物的束缚，失去自我独立的思考和行动力。

只有说到做到，想到做到，果断行动，才能不失时机地做好事情；只有不失自我独创性，内心有主张，才不会失去做事的独创能力。

 南怀瑾佛学智慧

"学佛的人第一个胸襟要大。所以学佛，第一要学这个人，学常开笑口、放大度量的菩萨，就是肚子要大一点，包容万象，什么都是好的，都对；一切法皆是佛法，先学他胸襟大，面孔对任何人都是慈悲笑容，这个就是佛法。"

□ 知识的最高境界是无知

南怀瑾先生说:"知识最高处就是'无知',就是始终宁静,没有主观,没有一个东西存在,这是最高的学问境界。释迦牟尼十九岁放弃了王位而出家修行,到了三十二岁开始传教,八十一岁才去世。四十九年之间,他最后得出自己的结论说:'我这四十九年中,没有讲过一个字,没有说过一句话。'真理是言语和文字表达不出来的。"

这里的"无知",其实不是真的什么都不知道,而是"无不知"。那么什么是"无不知"呢?就是知识达到一定程度,不仅可融会贯通,而且做到了一通百通,知识间的界限已经没有,它们之间的联系被打通了,所以,知识越到后来,主体感到是越来越少了。达到此状态,所谓的知识其实已经不单纯是知识,已经转化为个人的学问和思想了。

具体来说,**学到"无知",就是书本越看越薄,知识越学越少,但不被知识束缚,而是进入到一种"无我"的虚静而自由的状态,完全可自由地运用知识,几至"化境"了。**学习知识的过程,就是一个从不自由、不自觉到自由和自觉的过程,达到了自由境界,也就不需要有意识地去知道什么,而是知识会自然而然,水到渠成地从脑子中涌出来……这是多么神奇而美好的事情啊。

对于知识,孔子曾对他的学生子贡说:"你以为我的学问,是从多方面学习，通过闻记而来的吗？"子贡说："对呀，难道不是吗？"孔子说："不是的。我的学问是懂得一个东西后，一通百通。"

西方哲人苏格拉底也是如此，他对人说："你们都觉得我有知识吗？这真是笑话，因为我一无所知。"

由此可见，在学习知识上，东西方的圣贤有着共同的感受。学习到头，感觉却脑子里空空的，什么也没有，好像又回到了最初的无知状态。想必精研传统文化，学贯中西的南怀瑾先生，也有同感，所以他说："知识的最高处就是无知"。

应该说，知识和学问达到这种浑一的化境，就如同果实成熟，算是饱满了。当然，这不是说学到头了，可以不学了，相反，会"愈学愈感到自己的无知"，因此，孔子释迦之类的圣贤大德，才会越来越谦虚好学，不耻下问，修养也越来越高，人也会越来越谦卑，绝不会有自大张扬。释迦牟尼，为了求证一个佛学道理，会不辞辛苦地实践多次。孔子经常为一个道理而不耻下问，谦虚地向小孩子学习。虚怀若谷，谦卑沉静，从容稳健，这才是真学问和真道德兼备的圣人。

现实生活中，尤其是学术界，总有些人，掌握了些书本知识，就开始卖弄自己的学问，要么以博闻强记自炫，要么以艰深

南怀瑾佛学智慧

"大家不要把学佛的精神和生活与现实人生分开。本来无所谓出世，也无所谓入世。记得当年有老前辈问我：依你这个程度，为什么不出家呢？我说，你要搞清楚，我从来也没有入过家。世界上哪有个出？哪有个入啊？不出也不入嘛！那些都是外形，都是相。"

晦涩自耀，夸大其词，口若悬河，自呈学问高深，到处走穴演讲，评头论足，真以为自己成了专家呢。岂不知，**真正有知识、有学问的人，是不可能这么高调的，而是"战战兢兢，如履薄冰"，总是谦卑自处，埋头学问道德，坚守知识分子的节操，绝不会到处张扬凌厉，上窜下跳的。**

如同知识的最高境界是无知一样，世上最简单的，往往也是最深刻的。所以，最高深的学问，最高的智慧，往往不在艰深崎岖中，而是在最简单的平实中。

认识到这个道理，我们平时的学习和工作，就不会好高骛远，眼高手低，自呈学问，张扬自得，而是脚踏实地，扎扎实实，安分守己，怀着谦虚的态度认真学习、工作和生活，这样，才会有所收获。

南怀瑾佛学智慧

"《金刚经》是最平实的经典，佛像普通印度人一样，光脚走路，踩了泥巴还要洗脚，非常平凡，也非常平淡，老老实实的就是一个人。"

□吃得苦中苦，方为人上人

南怀瑾先生说："人类的历史中，凡是成大功、立大业、做大事的人，都是从艰苦中站起来的。而只有从艰苦中站起来的人，才懂得世故人情。所以对一个人的成就来说，有时候年轻时多吃一点苦头，多受一点曲折艰难，是件好事。"

俗话说："吃得苦中苦，方为人上人"，的确是有道理的。即使社会很发达，人们的衣食不成问题，但内心的苦痛，在人生中是无法回避的。所以，这里的苦，主要是指内心的苦痛和煎熬。也就是说，一个人，只有经过内心的煎熬和苦痛，才能真正得到成长成熟，变得日益坚守坚强，内心充满力量，做到弹性地把握自己，充满能量，激越向前，最终走向成功。

所谓"梅花香自苦寒来"，"不经风雨，难见彩虹"，人生之路没有一帆风顺，任何成功也不是那么容易的，一定要经过一番辛苦和曲折才能得到的。苦是人生的必然，吃苦是必须的准备。一个人，吃点苦头，才能获得成长和突破，然后才可能成功。尤其在年轻时，在成长成熟的关键时期，吃点苦头，绝不是坏事。因为只有经历些挫折或磨难，吃些苦头，才能感受到人生的艰难，成功的不易，从而积极向上，化痛苦为动力，充满生活战斗的快乐；而且，一个人只有经历些苦痛，才能提高心理的承受力，从而更加坚韧地前行，突破前进路上的一个个障碍，从一个胜利走向另一个胜利。

佛家中，有所谓的"苦行僧"，是说，修行的人为了求道，选择行走，在修行道路上，为此风餐露宿，粗茶淡饭，过着常人难以忍受的苦修生活。而佛家也认为，要想成为高僧大德，苦行，苦修是必经的道路。修行，本来就是一条艰难困苦的道路，苦行僧，就是用实际行动，求证佛法，提高个人修养的重要途径。

俗世社会中，我们纵观古今中外那些有非凡成就的人，也无不是历尽磨难，百折不挠，愈挫愈勇，最终战胜困难，有所作为的人。因为吃过非同寻常的苦，自己的意志和品质，在苦难中得到了磨砺，所以能做常人难以忍受的事情，企及常人难以企及的高度，最终成就常人难以成就的非凡事业。所以，他就成为了伟人。

虽说苦难与成功不是正比例意义上的必然关系，但经历苦难，确实可成为成功的一个重要条件。试想，一个人从小没吃过苦，没受过任何挫折，一直顺风顺水，那他面对非同一般的苦境或困境时，就会缺乏应对能力，这样，他就很难走过突然横在他面前的坎儿。**非凡的事业往往是要担负更大的责任，承受更大的压力的，所做的事情也往往有着艰深的难度。一个人，如果连一个困难都无法突破，又怎么可能担当什么重任呢？**不能担当重任，必然不能成为领尖人物，所以不可能成就什么伟业。这是很明白的道理。

从另外一个角度，如南先生所说，一个人经历了人生的苦难和艰辛，也会更懂得人情世故。而人情世故是人生必须要明白的，否则，即使你有多大的个人能力，如果不通人情世故，也终是不大可能成功的。毕竟做人就是做事，而做人说到底就是通晓人情世故，有修养，在为人处事上能站得住脚，如孟子所说"仰无愧于天，俯无愧于地"，你人品端方，水平毂硬，为人处事有风范修养，就会很得人缘，才能有力地推动自己事业的发展。

流水在碰到抵触或是障碍物时，活力迸发，水流反而加速了。

人也一样，不经挫折和苦难，无以激发自身的生命力量，总是顺利的人生必然会活力不足。经历些苦难，在意志品质经受磨砺的同时，生命的活力也会由此激发。走过苦难，往往会让人得到自我突破和成长，成长得到一个质的飞跃，如获得重生，生命开始一个新的起点。

在一个深山的寺庙里，有一位归省禅师，他担任这里的住持很多年了，可谓德高望重。

一般情况下，作为住持，他不负责日常的具体工作，负责日常事务的是监院，俗称"当家的"，主管全寺经济收支。归省禅师看到法远善于精打细算，合理安排膳食，就任命他作监院。

平日，寺庙的僧人们过着清苦禁欲的生活。肉、蛋、葱、蒜、韭菜等，皆视为荤食，绝对禁用。饭菜品种，多

南怀瑾佛学智慧

"一个英雄可以征服天下，没有办法征服自己这个心念；一个英雄可以统治全世界，没有办法'降伏其心'。自己心念降伏不了，此乃圣人之难成，道之难得也！你说学法，学各种法，天法学来都没有用！法归法，烦恼归烦恼。"

为大烩菜，用植物油，杂以山药、茴子白、豆角、白菜等，并佐以金针菇、蘑菇、粉条等，称为罗汉菜。主食以白面、小米、莜面、玉米面为主。

这一年，遇上了大旱，庄稼颗粒无收，寺庙的生计，也成为问题。寺庙的一部分土地，给当地农民租种，寺院僧人自己也种一部分。平常时有些善男信女，布施钱物，僧众的生活倒也没有问题，有时，还有些余钱，可用来做些功德善事，或者维修寺庙。

但是，眼下遭遇大旱，善男信女们自顾不暇，哪里还有余力资助寺庙呢，所以，寺庙的生活就出现了问题。僧人们只好每天喝很稀很稀的粥，到地里挖野菜吃，个个面黄肌瘦，营养不良，甚至有人出现浮肿。

一天，住持出寺化缘了。法远看众人都饿得眼睛昏花、少气无力，就召集大家拿出库里储藏的面，做起馒头来。馒头还没蒸熟，不知怎么的，刚出门的归省禅师就回到了寺庙，和尚们吓得面色苍白，支支吾吾说不出话来。归省禅师发现法远把应急的面粉都用来做馒头了，不由得发起火来："谁让你们这么干的？这日子还过不过了？都一下子做成馒头了，以后还用什么斋？"

等老禅师气稍平些，法远解释说："这事是我的主意，我看大家饿得可怜，就把应急的面擅自拿出来做馒头，让大家增加些体力。我考虑不周，这样的大事没有请示您，而是擅自做主，请师父谅解。"

法远毕竟年轻，没经历过饥馑荒年，不知道荒年应当怎么应对，老禅师却明白眼下形势的严峻，如果不勒紧腰带，恐怕难以渡过难关。老禅师刚才出寺化缘，想到一般百姓也在挨饿，才半路上折转回来。所以，老禅师严厉地发话："依照戒规打二十大板，打出寺门！"法远就这样，被撵出了寺院。

僧人们继续在饥饿难耐的考验下苦熬。一天，归省禅师偶然发现寺庙的后院墙外有个人躺卧着，起初还以为是附近的山民，走过去一看，原来是前些日子驱逐出去的法远。

原来，法远那天并没有走远。他想来想去，还是没有下山，而是悄悄回来，在寺庙后院靠墙打了个小棚子，在一个小角落栖息了下来。无论严寒酷暑，还是冰雹雨雪，他都在诵经念佛，不曾有一日懈怠。

归省禅师看见是法远，便问他："你在这里住了多长时间了？"

"少说也有大半年光景了。"

"这里是寺庙属地，不能白住。交地租了吗？"

"没有。"

"没有交地租你就这样胆敢常住！你要在此地住下去，就赶快补交地租！"

法远没有多说什么，他心中对老禅师充满尊敬，所以，老禅师这样吩咐了，他就努力想办法去。他托着钵默默地走向山下，走了不知多少天，到了人口密集的市镇，在那里为人诵经做佛事，得来的钱一分也舍不得花掉，都拿回来交了地租。

归省禅师看法远的行事，心中高兴，微笑着对寺庙众僧说："法远就是肉身佛！"

后来，归省禅师圆寂，法远继承了归省禅师的衣钵，成为了一代禅师。

所以说,生活中的挫折磨难是锻炼意志、增加能力的好机会。明白了这个道理,**面对降临到生命中的苦难与不幸,就能做到坦然地接受,把这看成是自己生命中无可回避并能考验自己的必有经历,乐观而积极地应对,充满生活的战斗的快乐**,只有如此,你才能不断地在砥砺中有成长进步,最终走向成功。

 南怀瑾佛学智慧

"佛叫你精进,你做不到,叫你诸恶莫作,众善奉行,你做不到。姑且不论诸恶莫作,一善都不行是真的,因为他懒嘛!你精进之心没有,利他之心没有,那是金刚经持你,不是你持金刚经。"

不要怕别人不了解你

南怀瑾先生说:"大概人们都有一个通病,就是总觉得自己了不起。往往我们说错一句话,就脸红了,但三秒钟以后,脸不红了,自己马上在心里头找出很多的理由来支持自己的错误,认为自己完全对,再过个把钟头,越看自己越对。人,就是这样,所以人总怪别人不了解自己,而对于自己是不是了解别人这个问题,就不去考虑了。"

的确,人存在这个问题。我们常说,做人要有"自知之明",但事实上,真正了解自己是一桩难事,并不容易。实在说,人生的过程不仅是奋斗,自责自我,也是一个不断认识和了解自己,找到自己的过程。每个人都有自身不可超越的局限,了解自己谈何容易?

但现实中,人最容易犯的毛病就是不去审视自己,转而问责别人;自己还没做到自知,却怪怨别人不了解自己,于是,怨天尤人,牢骚满腹。这实在是一种自私的表现。自认为自己做得很好,但全天下的人都视而不见,所以就满心委屈。

人都有自己的个性和生活方式,你凭什么要别人理解你呢?那你了解别人吗?又为什么一定要人理解呢?只要你做人做事问心无愧,对己对人都做到了负责,就理当心安理得,没必要为别人是否了解自己而纠结,如果耿耿于此,就是一种自私和狭隘的胸怀,不足以担责任,成大事了。

其实，人活在社会中，既有竞争，又有合作，"人人为我，我为人人"，每个人都需要他人，别人也需要自己。只有这样才能显示出自己的社会价值。而且，人与人的关系都是相互的，所谓"将心比心"，你对别人好，别人能感觉得到，所谓"人同此心，心同此理"，人心都是肉长的，是可以相通的。

当然，因为毕竟有摩擦和私心存在，有时人与人之间的沟通和理解会成为问题，出现障碍，甚至是矛盾纠结，但如果能够做到不问责别人，而是转而到自己身上找原因，站到别人的立场，设身处地和换位思考，做到理解、包容和原谅，就自然会心中释然，消除纠结和痛苦。

如果确实是遭到了误解，也不必心生怨气，说别人不理解自己，急忙地解释或辩解，不如心怀宽广，以问心无愧自慰，这样自然可做到心安理得，无怨无悔。再说，人心毕竟隔肚皮，而且想法不同，怎么可能做到完全的推心置腹，没有一点误解呢？正因如此，一个聪明人，做人做事，以自己应该与否为准，是否对自己和别人负责为准，而不去问别人是否理解自己。就算你做到了很好，也不可能得到完全的理解和赞同。客观就是如此。

有修养的人都会明白，最好的办法是从自身找原因，而不是别人。你首先该问问自己：你自己了解自己吗？你是不是对别人期望值太高了？你又有什么理由要求别人理解你呢？如果你自己做到位了，别人自然会理解你认可你；如果你果有才能，真做出了成绩，对社会有贡献，就不必担心别人不了解你。即便偶有误解，也是正常的，不必为此萦怀。

人生在世，如果忍受不了一点委屈，受不了一点误解，担不了必要的压力，凡事从自己的角度和立场想，那么，他肯定看什么都不会顺眼，会活得很累，一点不能轻松。

世界本不完美，每个人都有不足，苛求自己和他人，主观地想当然，都是不符合客观的，是少见识和眼光短线，没修养少智慧的表现。客观就是客观实际，必须遵守，如古人所说的"顺道而行"，就是必须正视现实，认识到事物发展的规律，明白很多事情不以个人的意志为转移，个人最好就是顺应时势，掌握规律，抓住时机，然后才可能有所成。

无论是做事，还是为人处世，都是如此。个性和主观能动性可以尊重，但必须符合客观，如果你的个性不能与周围协调，碰壁吃亏的只能是你自己。

让人了解和肯定，不是你要求来的，而是做出来的。我们应把更多的时间放在要求自己，了解自己，努力做人做事上。等你做好了这些，就会有能力足以担负更多责任，不会再去要求和问责别人，你有能力把自己生活中的一切，都自己负担，并消化掉。此时，自然会有人主动来了解你，捧你。

所以，凡事不要问责于别人，要从自己身上找原因，这样，才能得到不断的成长和进步。

南怀瑾佛学智慧

"《法华经》上也说：'一切世间法，皆是佛法。'世间的一切皆是佛法。法华经上又讲'一切治生产业，皆与实相不相违背'。并不一定说脱离人世间，脱离家庭，跑到深山冷庙里专修，才是佛法。"

□专心致志，静待机遇

南怀瑾先生说："我常告诉年轻同学们，不要怨恨，也不要牢骚，年轻人不怕没有前途，只问你能不能站得起来；但要懂得把握时间和空间。如同赶公共汽车一样，这就是人生。等得久的人，不要埋怨，是自己到站太早了；有的刚刚赶到，汽车开出去了，于是气得不得了，大骂一阵，骂有什么用？干脆等下一班第一个上去，不就好了？从这一点小事，也可了解人生，怎样去安排自己，把握时间。"

每个人都想成功，但成功可不是那么容易的事。成功不仅需要努力，更需要时机。所谓"谋事在人，成事在天"，要想成功。付出努力和辛苦是必须的；但不是付出努力就一定能得成功。虽然如此，不努力也是不可能有成功的机会的。所以，努力培养实力，是成功的先决条件。

但我们必须看到，有很多人付出不少努力，也很有能力，但最终没能成功，甚至怀才不遇。这是为什么？除了个人的主观因素，多半因为时运不佳，或者说没得到好机会，没抓住上天给自己的机遇。

事物的发展都有一个时间和空间的问题，在合适的时候，事情就会在这个合适的时空条件下得以完成。这就是时机。成功的时机，如果抓不住，再有能力，因为时间和空间不合宜，就无可施展，就不能成功。古人早就认识到这个时机。那些胸怀大志，学有所成的人才，在不得遇时，就退居自守，顺道而行，审时度势，"潜居抱道，以待其时"，平时韬光养晦，不露声色；而当机会来临时，才积极行动，一展身手。

任何时代，都有满腹牢骚的怀才不遇者。但一时的"不遇"，是正常的，社会是竞争的，而且"位置"有限，在位的还占着位置，一时牢不可破，人家不下来，你就上不去。所以，只等到有空位时，你瞄准的那个位置才可能有可乘之机。从这个角度讲，也可见时机的重要性。

当下和平社会，更是如此，竞争激烈，职位有限，好位置都处于饱和状态。不要说想"上位"难，就是就业也成为许多大学毕业生的难题。所以，当下的年轻人，要想成功，出人头地就更难。现实就是如此，如南先生所说，怨恨没有用，牢骚没有用，这就是社会，你必须适应。

人都有一个发展过程，没有人可随随便便成功，都需要一个过程。这个过程或长或短，关键在于对自己能力的培养和对机会的把握。你有实力，还怕不能自立吗？你再审时度势，善于抓住机会，你还怕没出头之日吗？

所以，**年轻人不要怕寂寞，不要怕一时的困顿。正确的态度是，把这寂寞和穷困当成走向成功的必然磨砺，是必经的岁月，就会多一**

南怀瑾佛学智慧

"人常常自命不凡，但是那是自命啊！自己认为自己不凡而已。要真正到达最平凡处，你才会体会到最高的。"

些坦然和从容，少一些浮躁和不平，这样，就可作到安于现状，专心致志，养精蓄锐，以待时机。

每个人都有属于自己的机会，需要你去抓住；当你在合适的环境下，抓住了属于你的机会，你就会施展自己的才能，创造出独一无二的业绩，这样，可以说，你抓住了属于自己的时代。纵观历来的那些成功人物，不都是这样吗？他们最大的聪明就是顺道而为，审时度势，能抓住属于自己的时代，从而以自己的力量改变时代。所谓"时势造英雄"，反过来，真正的大英雄往往能创造一个新时代。要知道，他们都是寂寞和平凡中走出来的。那个历练的过程相当长而苦，他们走过来了，所以人们只看到了他们的成功。其实，背后有多少艰辛，有多少寂寞呢？孟子说："天将降大任于斯人也，必先苦其心志，劳其筋骨……"

释迦牟尼从19岁出家，到31岁悟道，中间花费了12年的时间。在这12年里，他先是在雪山上苦行，后又到恒河边参悟，最后终于在菩提树下修成正果。12年的修行，波折不断，艰难无比，但从他个人来说，这是他选择的，也是必经的，否则也不会有佛教的产生。

年轻人最大的财富就是时间，因为有时间，不必害怕挫折失败，更不必急功近利，担心没机会发展。只要你有心，努力并善于把握时机，就会有长进，有前途。

所以，南先生告诫年轻人"要安排好自己，安排好时间"，就是说要培养好实力，做好自己，安排好时间，以抓住属于自己的机会。还有，在当下的繁华社会，你最要克服的就是浮躁，让自己专心致志，否则，准备不好，机会来时也会与你擦肩而过。

惠灵禅师是寺庙的住持，德高望重。但他年轻时，在学法上，也曾分过心，走过一段弯路。

做行脚僧时，惠灵遇到一个嗜烟的行人，两人同行，走了很长一段山路，然后坐在河边休息。那人掏出烟袋锅，抽起烟来，很惬意、很享受的样子。惠灵就问这个人："这烟有什么用？不能充饥也不解渴。"这个嗜烟的人就大谈吸烟的种种乐趣，并让惠灵也吸了两口试试。分别时，这个人干脆把自己的烟具都给了惠灵。惠灵很高兴地接受了这个热心人的馈赠，从此，迷上了吸烟。

自从开始吸烟后，越来越上瘾。后来发展到即使在禅定时，也不能去除此欲念，这让惠灵十分苦恼。最终，他一狠心，就戒除了烟瘾。

后来，惠灵又对《易经》产生了极大兴趣。但是，要读懂它可不容易。他花费了大量的时间和精力，但还是只懂了点皮毛的东西。直到有一天，他顿然醒悟：易经固然博大精深，但如果我沉迷于此术，怎么能够在普度众生的大道上有所成就呢？他从此就没再碰《易经》了。

因为毛笔字写得不错，惠灵又迷上了书法。他每天练习临帖，居然小有成就，得到了当地书法界名人的称赞。很快，向他求字的人越来越多，惠灵自己为此也很得意。此时，师父把他叫去，对他说："你的目标是成为悟道的禅师，而不是书法家，像现在这样下去，什么时候能真正悟道呢？"

一语惊破梦中人，惠灵从此摒弃杂念，不再分心。

经过几次反复，惠灵最终才改掉见异思迁的毛病，专心致志于佛法，成为一代禅宗大师。

可见，要想做成点事情，除了要有所选择，有所不为，更要安于现状，专心致志才行。很多年轻人容易这山看着那山高，三分钟热度，所以，一定要培养专心致志的功夫，否则什么也做不成，也抓不住机会，更难说成功。

能够成功更好，如果不能，只要尽了心力，问心无愧，未尝不是一种成功。人生固然应该追求功成名就，有所作为，但真正成功的人生也许就是做自己喜欢的事情，内心有丰实而宁静的幸福。

因此，**不妨怀这样一种心态：心怀理想，积极向上，不问成败，不患得失，只管脚踏实地，专心致志，默默努力。这样，才能准备好能力，机会来时才能抓住。**

南怀瑾佛学智慧

"在艰苦中成长的成功之人，往往由于心理的阴影，会导致变态的偏差。这种偏差，便是对社会、对人们始终有一种仇视的敌意，不相信任何一个人，更不同情任何一个人。爱钱如命的悭吝，还是心理变态上的次要现象。相反的，有器度、有见识的人，他虽然从艰苦困难中成长，反而更具有同情心和慷慨好义的胸襟怀抱。因为他懂得人生，知道世情的甘苦。"

□保持清醒，不被他人捧坏

南怀瑾先生说："我们发现，有时候当一个领导人，往往会被部下捧坏了。根据过去的经验，我们自己并不想这样，下面的人会把我们捧成这样。尤其是年轻的朋友们要注意，假使将来有那样的地位，要留心被别人捧，到了那样地位，别人都说你的话说得对，都对你说'是的'。这时你要考虑，不要给人捧坏了。历史上有很多人，到了某一阶段会昏了头，就是被下面捧坏的。"

人很难做到自知之明和不得意忘形，除非有相当的修养。尤其当他得意时，正是自恋、自我膨胀到极点时，有人夸他，他当然被直上九霄了。而那些领导人物呢？更是每天有人鞍前马后簇拥着，伺候着，拍马屁的人更是甜言蜜语，直把熏得如沐春风，此时，如果头脑不清醒，就难免会得意忘形，迷失自我了；而且，还往往会被小人利用，危险就从此来啦。

佛家的清静，其中首先就是清醒，不仅对人生已参透，而且对自己的心心念念，也要保持清醒和警惕之心，防止某个欲念来扰，影响自己的清修。这个功夫是所有修行人必须有的。但是，修佛的人，尤其是得道高人，也往往是被人捧着的，比如南怀瑾先生，星云大师，时下都在被人捧着，出口就是无上的圣旨一样，被万千人追捧，也被人利用。好在他们修养深厚，不为此所动。但作为个人，被如此追捧，有好有坏，也难说一定都是好事。

所有名人，都难免这个幸和不幸。社会就是如此。关键在于自己，是否保持清醒，不为名所累，失去自己的自由和理智。

没有人愿意被否定，总是喜欢被夸赞，所谓"千穿万穿，马屁不穿"，谁也难逃马屁的糖衣炮弹。虽然这是人性使然，但任何事都会物极必反。得到赞扬过多了，就会促成坏事和危险的产生了。尤其对于一个头脑缺乏清醒，修养不够的人来说，就难免会被人捧坏，或者中了马屁的计，被人利用。

有一个小兄弟，跟随师父在山里修行多年，实在耐不住寂寞，要出徒下山了。师父说他本事还不够，但他坚持不学习了。师父无奈，只好同意了。小徒弟一想到要下山了，要一个人到广大的世界里闯荡了，就十分兴奋。

临行时，师父对他说："你这次下山，有什么打算呢？"

徒弟回答道："师父不用担心，我已经准备好了。"

师父问："你准备了些什么呢？"

他自得地说："我准备了一百顶帽子，准备见到人，就送他一顶，一定会保我万事顺利！"

师父叹了口气说："你历练太浅。社会人心复杂险恶，谁会因为你送他一顶帽子就会对你高看呢？"

徒弟胸有成竹地说："师父您就放心吧，世上能有几个智慧如您的人呢？徒弟一定有办法对付他们。"

师父想了想，觉得也是。就说："那你就带着你的一百顶帽子下山去吧！"

徒弟调皮地说："师父，不是一百顶，而是九十九顶了。"

师父恍然大悟，自嘲地一笑，说："看来我的修行还不够啊，没逃过你这一顶高帽子。"

小徒弟跟师父打了招呼，就径直下山了。

人人都喜欢听表扬，所以才有拍马屁的市场。人们总是在不自觉中，就上了它的套。你应该多想想，人家为什么夸你？对于自卑的人，赞扬是对他的一种鼓励；而对于自信而骄傲的人来说，赞扬只能增长他的自满情绪，并非好事；对于某些有不轨之心的人来说，夸你可能是专门让你放松警惕，以便入他的圈套；而对于领导而言，一定要明白，人们捧你，多半捧的不是你本人，而是你的权力，是有所图的。明白了这一点，就不会被那些甜言蜜语打倒。

一个好领导，最重要的功夫就是要识别出君子与小人，"任贤臣，远小人"，否则就会被小人利用，败坏自己名誉不说，甚至还可造成家国损失。

清乾隆时的宰辅和珅，就是有名的拍马屁能手。按说乾隆帝也算是一个明君了，居然也没能逃过他的伎俩，可见此人拍马功夫的厉害。

和珅对乾隆帝的脾气、爱好、生活习惯、思维方法了如指掌，这与一般的曲意迎奉、阿谀献媚有所不同，没有那么的低俗和赤裸裸，是很巧妙的。下面试举两则小事，就可见一斑。

乾隆帝喜欢吟诗作赋。为此，和珅早早就准备好了，他就下功夫收集乾隆的诗作，并对其所常用的典、诗、词、风等了解得一清二楚，闲来还有所唱和，所以，乾隆视他为知音,对他自然另眼相看。当然,和珅也需要有点功夫才行。

另外,据说,乾隆帝每问及和珅一件事,和珅不仅回答得条条在理,还能将事情的来龙去脉说得清清楚楚,令"上意甚欢"。

还有一件事,可见和珅的马屁功夫。皇太后,即乾隆的母亲去世时,和珅不像其他皇亲国戚、官宦臣下那样,一味地劝慰皇上节哀,或者说一些无关痛痒的话,而是默默地陪着乾隆帝跪泣落泪,不思寝食。几天下来,人就搞得面无血色,形容枯槁。这样一来,如此能与皇帝同感共情的人,朝中却只有和珅一人!所以,他受乾隆帝的宠信也是自然的了。

因为善于拍马,和珅深得乾隆帝的喜爱和信任。他就是这样,欺上瞒下,对上百般讨好,对下勒索欺压。不仅权倾朝野,而且贪污受贿,家产富可敌国,成为清朝的第一巨贪。可以说,乾隆皇帝无形中被他捧晕了头,所以,他有了贪污作乱的机会。乾隆帝一生清明,也因这个小人而受到影响。

领导都知道远小人的道理,但到现实中,总难免被忽悠住。如果说开始还有些戒心的话,那么到后来,随着权力的膨胀,事业的发达,就难免会昏了头,一脚掉进小人的谗佞之言中了。自己被小人利用,决策措施不再冷静,听从小人的安排,或者交给小人去办。结果往往是,自己不但被利用,名声受到败坏,而且还会伤及贤良的忠臣,历史上这种事屡见不鲜。身为领导,务必以此为鉴。

作为普通人,也应该明白,别人夸你一下不费什么气力,没有什么损失,你听了似乎会多些舒服和开心,但如果为此沾沾自喜,那么结果往往会容易昏头,安于现状,不思进取,甚至乐极生悲,就得不偿失了。

所以,一个人,无论处于什么位置,都尽可能做到有自知之明,不可因一时的成绩而骄傲,也不能被别人的表扬捧坏了。能够保持清醒的头脑,保持一颗平淡而宠辱不惊的心,就不会迷失自己,走下坡路。

南怀瑾佛学智慧

人生到处知何似,应似飞鸿踏雪泥。
雪上偶然留指爪,鸿飞那复计东西?

——苏东坡

□满怀希望,精进不已

南怀瑾先生说:"几千年来的老人,写写毛笔字、作作诗、填填词,好像一辈子都忙不完。而且在他们的心理上,还有一个希望在支持他们这样做,他们还希望自己写的字,作的诗词永远流传下来。一个人尽管活到八九十岁,但年龄终归是有极限的,他们觉得自己写的字,作的诗词能流传下来,因而使自己的名声流传后世,却是没有时间限制的,是永久性的。因此他们的人生,活得非常快乐,始终满怀着希望进取之心。"

人总是要有些希望的。以此希望作为动力,人生才可走得义无反顾,坚定有力。这个希望,可以是人生的理想,是远景的;也可以是目标,是实际的,切近的。只要它能够给你一种前进的理由和力量,那么它就是你人生的动力源和驱动器。

希望就像早晨的太阳,给人美好的期待和力量。所谓"哀莫大于心死",一个没有希望的人,心如止水,生命也会暗淡无光,没有活力,最终会枯萎凋落。人应该怎么度过一生?就是要充满无限的希望和力量地活着。因为只有这样,才会充满生命的无限能量和张力,迸发出无限活力;有活力才有创造力,从而创造出自己的精彩人生。

古人重名节,追求人生的三不朽,即"言功、立德、立言"。为此修养道德,求取功名,建功立业,彰扬令名,光宗耀祖。他们发展的轨迹就是先修身，齐家，安身立命后，才有资格治国、平天下。追求人生不朽，就是在有限的生命里做具有无限意义的事，从而赋予有限的生命以无限的意义。所谓"名垂青史"，"流芳百代"，这是所有士人知识分子追求的人生理想。为此，他们能够忍受人生的艰难困苦，无论穷通，皆能乐观而积极地应对。所以，我们看到：司马迁可以忍辱在狱中写成"千古之绝唱，无韵之离骚"的《史记》；曹雪芹衣食无着，卖画度日中"十年增删"，写成文学巨著《红楼梦》；古之屈原，孤愤爱国，节操自守；近代国学大师王国维上下求索人生，为保名节，可不惜生命，投河自尽……只要一息尚存，他们毕生努力的方向是人生的不朽，为了这个心中的理想而上下求索，奋斗终生，九死而不悔，一生精进不已，死而无憾。即使是普通人，无能创造什么可名扬后世的业绩，但同样要求自己要有所操守；有人生的目标，至少要做到安身立命，如孟子所说"俯仰无愧于天地"，上不辱没祖宗，下不连累子孙。为此孜孜矻矻，一生努力，精进不已，尽心尽力完成自己认定的使命。

今天，人心不古，唯利是图，古人们宁愿生前吃苦委屈，也要追求名节，追求人生不朽的精神似乎显得那么漂渺不现实，甚至在某些势利的人眼里显得那么愚蠢可笑。现在的人们，比起名节，可能更看重现实的利益和现世的享受。大概自觉无法创造什么不朽事业，也自觉无法超越古人，加之社会风气浮躁，人心思利，诱惑多多，不如把握当下，享受人生来得更实惠，对于身后之名，才不去管呢。

但是，对于一个真诚生活，对自己的人生有所期待的人，他的人生希望，或者说理想，与古人一样，不会是现世意义上的，也不是物质意义上的，而是精神层面的，能够让自己感觉到神圣，可以超越个

人生命极限的，为此，他充满人生的战斗的快乐，上下求索，自强不息，精进不已……他的休息，如孔子说自己那样，"只在坟墓"。在此过程中的一切苦痛，他不以为苦痛，而是把它们作为人生中磨砺和考验自己的必然经历，坦然而勇敢地面对，积极地一个一个战胜，从而获得扎扎实实的成长。

佛家虽然看透人生，但并不是消极处世，不论是修佛法，还是度众生，他们要求自己保持"精进"之心，所以，真正的修行，不仅是辛苦的，更是忙碌的。他们是以离世的姿态，怀着悲悯之心，积极地研究并实践如何离苦得乐，普度众生。高僧大德们，都是这样的。不是平常人理解的与世隔绝，消极等死，只修来世福的。

纵观那些有所成就的人，无不充满希望，积极进取，迎难而上的人。他们之所以能够战胜无数横亘在面前的挫折和困苦，就是因为人生的希望。他们真诚生活，热爱生活，对自己的人生有份角色期待，以此为希望和目标，为此积极进取，迎难而上，充满生活的战斗的快乐。前进路上的所有曲折、挫败、困苦、不幸，他们都能坦然而乐观面对，积极而勇敢地应对，所以，他们往往能最终战胜一切的拦路虎，实现一个个的突破和飞跃，走向成功。

希望每个人都有，它是引航我们人生的灯塔。但是光有希望

南怀瑾佛学智慧

"学佛法，不要被佛法困住，这样才可以学佛。如果搞得一脸佛气，满口佛话，一脑子的佛学，你已经完了。"

还不行，还得有努力精进之心和百折不挠的意志和毅力。现实生活中，很多人心怀理想，希望很多，但往往遭到挫折就心灰意懒，沮丧气馁，甚至从此自暴自弃，裹足不前，自甘平庸。这是因为他们对自己的希望缺乏信心，不能坚守，所以力量不足，一旦遇到阻击，就甘拜下风了。

所以，一个人的希望，不只是光明才行，还必须具备力量。就是说，你的希望应该是长远的，贯穿一生的，是你一生的精神动力，作为精神支柱，支撑着你的整个人生。这样的希望，其实就是理想，坚不可摧的理想。一个人凭什么可以做到激越而有力地活着？就是这个理想。生活中，那些活得生动精彩的人，无不是心里怀着一份宁信其有的执著，脸上总是带着坚定笑意，不肯认输的人。有句歌词说得好："爱拼才会赢"，人生的拼搏是必须的，而拼搏是以理想作奠基的，否则就成了盲动了。

永葆希望，坚定理想，一旦确定，始终如一，坚守不变，持之以恒，百折不挠，力争上游，这样"守一"不变，有所选择地前进，不断提高完善自己，自然会实现一个个成长和进步，走出自己的一条成功之路。

充满希望和力量地精进，拼搏，前路自然会越走越宽，前途一定会光明一片。《**易经**》说："生生之谓之易"，说的就是人的**生命生生不息，代代相传；而人生也是，今天到明天，人生永远是明天，明天永远是希望**。这样生生不断，发展变化，才会有不断的新鲜和重生出现，获得一个个崭新的成长。"生生不息"，这是自然大道，我们必须遵循顺应之，只有掌握此规律，选择自觉地成长自己，精进不断，自强不息，才能成为强者，取得成功。

□ "做到平凡，才是真正的了不起"

南怀瑾先生说："我们晓得文天祥是忠臣，岳飞也是忠臣，但是我们不希望国家遭遇到他们当时那样的战争。我们希望看到的是名臣、大臣，像赵抃就是名臣、大臣。他最后退下来，回到家里，写了一首诗：'腰佩黄金已退藏，个中消息也寻常。世人欲识高斋老，只是柯村赵四郎。'不要看错意思，认为他腰里都是黄金美钞所以退休了。这个黄金不是黄金美钞，看京剧就知道，所谓'斗大黄金印，天高白玉堂'，古代封疆大吏的印信，实际上是一颗铜的大印，叫做'黄金印'，有如现在中央部会的印，铸印局用铜铸的，也可叫黄金印。'腰佩黄金已退藏'，是说退还了那颗黄金印。'个中消息也寻常'，一生风云人物，其实也很平常。'世人欲识高斋老'，他下来以后所住的地方叫高斋，他说你们以为住在高斋的这个老头子有什么了不起，而想认识认识他是何等人吗？'只是柯村赵四郎'，其实还是当年住在柯村的赵老四啊！他是那么平淡，那么平凡。所以一个最了不起的人，也是最平凡的人。真做到平凡，才是真了不起。而赵抃最后的谥号是两个字'清献'，历史上的赵清献公，就是赵抃，他一生都奉献给国家，而一生清正，达到这个程度是很难的。"

在这里，南先生认为，一个人做到自在，才是真正的解脱；一个人做到平凡，才是真正的了不起。赵抃就是这样的一个了不起的人。

人都有欲望和功利之心，要想做到平淡，安于平凡不容易。心怀平淡，安于平凡，就是对人生的喜乐荣辱，穷通富贵，成败得失都看得很清楚，不再迷惑，做到宠辱不惊了；安于平凡就是有一颗平常心，不为名利富贵所役使，能吃苦，也能享受人生。心怀自己的淡定，无论顺逆穷通，无论成败得失，都不改其志，始终如一，守护好自己的精神家园，不失自我，走自己的路，过自己的生活。**古人说："乐天知命故无忧"，真能平淡平凡的人，能做到乐天知命，所以能安分守己，脚踏实地，不存妄想，随遇而安，安于平凡。**

人难以平淡，除非有过大富大贵，大起大落之人。但对于修养深厚的君子和智者，未经富贵，照样可看透人生，安于平淡，做到"安贫乐道"。这里的修养，其实就是一种对自我的回归，"明心见性"。佛家也说明心见性，唯有"见性"才能成佛。那么什么是明心见性？其实就是回归到原有的天然本性，回归本真和自然，真诚地面对自己，直指人心，修心养性，修养完善自己，守真不二，做到不为欲望所役使，做到平淡，安于平凡。

当下社会，人心浮躁，利欲熏心，谁不是在力争上游，汲汲于功利富贵之求？人们像个风车一样，随风乱转，至于转到哪里，并不要紧，只要转到钱，有名有利就成。总是匆匆忙忙，脚步如飞，顾不上停一停，欣赏一下路边的风景。为了所谓的成功，名利富贵，拼搏奋斗，一生忙碌。但当得到后却发现：也许自己真正的需要原来不是这些，而真正值得珍惜的东西，也许早已失去，原来在平淡的心中，在平凡的生活中就有的。转了一大圈,发现其实人生的真谛,就在最简单的平凡中。

有一位佛教信徒,事业发展遇到了难题,他为此举棋不定,一筹莫展,纠结痛苦不已。

为求解脱,他来到寺院,向一位禅师请教。

老禅师听他讲述完事情的本末,说道:"这样吧,我给你讲个故事,你自己琢磨琢磨。"

接着,老禅师就讲了一则故事:

在一座深山里,有一个很深的山涧。山涧两侧是悬崖峭壁,涧内则是湍急的流水。涧下乱石嶙峋,河水左冲右突,奔腾激荡,在岩石上撞起无数浪花……此景壮观,但站在山涧上,却让人望而生畏。

此时,有四个旅行的人,正走到山涧。这四个人中,一个是瞎子,一个是聋子,还有两个是健康的正常人。他们要到山涧的另一侧去。但两岸的悬崖,只有一条铁索桥相连,此外,就没有别的路可走。

这四个人别无选择,犹豫了一下,只好选择走铁索桥。于是,他们紧紧抓住桥两边的铁锁链子,慢慢地向对面的悬崖攀爬过去……

南怀瑾佛学智慧

"中国的诗,不但是出家人的诗,在家人的诗也往往带些佛法,因为凡是诗词之学,照佛学来讲,都有一点慧业种性,悲叹无常,感叹世间一切都靠不住。失恋了,是爱情的无常,所以有《茶花女》《红楼梦》等名著。"

盲人在前，他摸索着，慢慢地，最终胜利通过去了。然后是聋子，他也摸索着，平安无事地走过去了。其中一个正常人，也小心翼翼地过去了。但是，只有另一个正常人，在他走到铁索桥的中间时，手脚突然发起抖来，再也无法抓住铁锁链子。他努力挣扎，但最后还是无济于事，身子失衡，惨剧发生了：随着一声凄厉的叫声，他掉进了山涧下面湍急的水流中……

而这边平安过来的三个同伴呢，只有任由这幕惨剧发生，丝毫没有一点办法。

想起来就让觉得心惊胆寒。事后，盲人对人们说："当时的我，怎么能不害怕呢？可是，因为我看不见，情形有多危险，我是不太清楚的。我只是知道，我唯一要做的，必须要做的，就是爬过铁索桥去。所以，我没想别的，只用心过桥，所以就顺利地过来了。"

聋子对人们说："真是可怕啊。但是，多亏我耳朵聋，听不见铁索桥下山涧里传出的隆隆的水声，所以，我心里才稳得住，终于爬过来了。"

安全走过铁索桥的正常人说："我过桥就是过桥，水流缓急跟我有什么关系？悬崖峭壁是危险，可是，我不去想它，只管过我的桥，脚下踩稳，手中抓牢就行了。"

讲完这个故事，老禅师意味深长地对请教的信徒说："那个失足落水的正常人，耳聪目明，眼观六路，耳听八方，感觉细腻丰富，思维又缜密。可是，他却正因此而失败了。为什么？面对困难，有一颗平常心最重要。"

信徒恍然大悟，拜谢而去。

如这则故事中失足落水的那个人一样，生活中，有很多人烦恼痛苦，困顿失败，都是因为自己心里不能清静专一，心里不安，想得太多，结果就是庸人自扰。所谓"世上本无事，庸人自扰之"，就是这样。我们常常犯这个毛病。如果能做到心中平淡，就可清静有定力，这样自然会从容淡定，以一颗平常心，面对降临到生命中的一切。这样，反而不会有什么事烦恼他了。

"心中无一物，何处惹尘埃？"心里清静无扰，就没有什么可以纷扰你，打倒你。

 南怀瑾佛学智慧

"一个学佛的人，先要把心胸愿力放在前头，能够为众生发愿，不为自己，而是为大家去努力。因为要度众生，但又没有度众生的本事，所以要去努力。佛又说，你完成学佛的这个愿望，度完了众生，自己并没有觉得度了什么众生。"

第五章
纷扰俗世,修养生存智慧

□ "把眼前路留宽一点，让后来人走走"

南怀瑾先生讲过一则故事："宋朝的大哲学家邵康节，通《易经》和名理学家程颢、程颐弟兄是表兄弟，和苏东坡也有往来。二程和苏东坡不睦。邵康节病得很重的时候，二程在病榻前照顾。这时外面有人来探病，程氏兄弟问明来的是苏东坡，就吩咐下去，不要让苏东坡进来。邵康节躺在床上已经不能说话了，就举起一双手来，比成一个缺口的样子。程氏兄弟不懂他做出这个手势来是什么意思。后来邵康节喘过一口气，他说：'把眼前的路留宽一点，让后来的人走走。'然后死了。"

邵康节的意思很明显，就是希望程氏兄弟不过要于与人计较，对人宽容一点。

人生活在社会中，与他人的关系不可能都是那么和谐，有误解，有矛盾，有纷争，甚至有仇恨，这些其实很正常。重要的是你是不是为此耿耿于怀。如果为一点小事就斤斤计较，那一定不会在人群中找到快乐；如果为一点过节就计恨在心，不相往来，未免有些小肚鸡肠；如果因为一时结怨就终生为敌，冤冤相报，那很可能会酿成人生的悲剧。

所谓同气相投，"物以类聚，人以群分"，人与人的关系，虽然不能与人人皆好，也不可能做到，但也没必要与某人结怨成仇。树敌太多，当然不是好事。朋友多了路好走。人性虽有好坏，但没有绝对的，关系也会转换，朋友可能成了敌人，敌人可能成了朋友，所以不必定性某个人。

爱憎分明本应当，但如果固执己见，动辄睚眦必报，划清界限，未免心胸狭隘，不知灵活圆通。比如，"文革"时期，把人际关系政治化，搞成了非此即彼型的敌对关系，那是不符合人性的，当然会对人造成深痛的伤害，实在是一种悲哀。

为什么心中会结怨？可能有个性不合，看彼此不顺眼，但更多的，还是源于利害关系，为自己的利益而争，彼此较劲，不肯服输，加之缺乏胸怀和修养，自然就容易发展成仇怨。现实中，我们有很多人，与单位的同事，周围的朋友，甚至是家人，产生矛盾，由此结怨。恨到深处时，巴不得对方立即死去，只要想起对方，说起对方，就诋毁贬低甚至谩骂不已，可见心里的怨恨有多深。

心里怨恨，当然不能平静，为此痛苦纠结，心里恨对方时，自己也并不好受。所以，怨恨之情有害于身心健康，实在是要不得的。七情六欲虽然是人性难免的，但如果不加控制，任由发展，终会成为魔障，害人害己的。

佛家就把这种心理称为"心魔"。为什么要摆脱"贪、嗔、痴"呢？就是这个原因。这里的"嗔"，就是批的责怪和怨恨之情，是人心都有的，因此造成了多少烦恼和麻烦，所以，佛家极力要摆脱之，以求解脱。

作为常人，没办法完全摆脱"嗔"，但至少要做到尽量克制，加强自身修养，效法佛家的修心养性之法，放开眼量、心量，从大处着眼，往长远了看，自然就不会计较，不会斤斤于小恩怨。

世界本不完美，人无完人，看开了这些，就能宽容面对。而且，一切都是暂时的，何必为一点恩怨搞得身心不爽？**不如看开些，开心活着最重要。**宽容别人，忍让一下，学会谅解，不必争一时之短长，作意气之争，不值得，也不必。忍让一些，不会有多大的损失，也显得你有修养，姿态高，得人尊敬喜欢。

清朝康熙年间，文华殿大学士兼礼部尚书张英，和一位姓叶的侍郎都是安徽桐城人，两家毗邻而居。

一次，两家都要修建房屋，为了争地皮，双方发生冲突。张老夫人无奈，就修书到北京，让张英出面解决。张英看到信后，深感忧虑，马上回信给老夫人："千里家书只为墙，再让三尺又何妨？万里长城今犹在，不见当年秦始皇。"

张母见书明理，于是，张老夫人令家丁后退三尺筑墙。

叶侍郎见此情景，深感惭愧，命家人也把院墙后移三尺。

这样，张家和叶家之间的院墙就有了六尺宽的巷道，后来成了有名的"六尺巷"。

张英虽然失去了祖传的几分宅基地，但得到的却是邻里的和睦及流芳百世的美名。

宽容不仅是一种胸怀，更是一种境界，宽容了别人就等于宽容了自己，宽容的同时，也创造了生命的美丽。

留一半清醒，留一半醉

南怀瑾先生说："以哲学看人生，几乎没有一个人清醒过。爱情的醉，宝贵功名的醉，没有哪样不醉。道家的吕纯阳有两句诗说：'浮名浮利浓于酒，醉得人心死不醒。'吕纯阳以道家的眼光来看这个世界，大家都在醉中，临死都没有清醒过。"

在这里，南先生说的是，人生总是囿于名利，为此汲汲以求，耽耽于其中，不能自拔。但到头来，功名利禄，荣华富贵，如过眼烟云，转瞬成空，如《红楼梦》中的"了了歌"一样，到头了，也就了了；了了，也就到头了。人生一世，就是这么在"了了"中"醉生梦死"，最后并不能有什么在手中把握，只剩下孑然一身。

死生都寂寞，名利如烟云，终究是身外之物，并不是我们真正需要的。生命中真正需要的是什么？也许就是坚持自己，不失本真，不失自我，拥有内心的丰实、幸福和快乐。而这些，都不需要从大富大贵中得，只要细心体悟，在简单平凡中就可得到。

但我们肉眼凡胎，天生多欲，怎么可能看透？又怎么可以看透？我们还有自己的理想呢？要有所作为，实现自己，完成此生的使命；我们需要高品质的生活，以更好地享受人生——人生也许并无意义，但我们总是在寻找意义，以鼓励自己热情而坚定地活下去。就此意义讲，我们不需要看透，看透了人生就了无意趣了。我们"醉"在为自己设的这个意义上,"醉"在追寻的过程,"醉"在成功后的志满意得,"醉"在人生推杯换盏的繁华热闹中……

看不透,生命本身有不可超越的界限,不仅欲望不能休,生存的需要的社会对你的"压迫"性,也让你别无选择,只有向前。为了一个目标,为了成功向前……

能够做到少被功名利禄所役使,在迷醉中,能保持一半清醒,不失人生方向,不失自我,就是明哲。如果能看透名利,保持一颗平常心,宠辱不惊,能安于平凡,安顿好自己的心灵,善于平衡自己,就是智慧。

从另一个角度,在清醒中,我们又需要保持一份迷醉,一份糊涂。就是不必把人生看透,太清醒了就必然会觉得人生无趣,令热情和意志沙弥减弱,这对正常活着的人来说,也是一种损伤,所以,要保留一份"醉"。而在为人处事上,在日常的待人接物中,为了减少麻烦,回避冲突,就不必太清醒,需要保持一份迷醉,一份糊涂。世界和个人都不完美,人生也有无奈,倘若作完美苛求,势必让人失望,也给自己增加无谓的压力,无法轻松而活。

南怀瑾佛学智慧

"能够把烦恼、痛苦观空而转化了,就是道德的行为,心理上的心性,这才是菩萨的功德。不要听了《金刚经》讲忍辱,就万事不做,自以为那是忍辱;入世要忍人所不能忍,行人所不能行,才是修菩萨道的基本精神。"

清代画家郑板桥有句话，叫"聪明难，糊涂更难。难得糊涂"，说得很好，实在是人生经验的总结。一个人，在成长中，日益会明白"世事洞明皆学问，人情练达皆文章"的道理，认识到人情世故的重要性。这个东西不在书本上，而在生活中，在自己的感悟中，这是真正的做人做事的学问，必然重视。

为什么要学会保留一份迷醉和糊涂呢？就是要通晓人情世故，凡事不必太较真，不必界限太分明。对己对人，做人做事，要注意灵活通变，做到真诚认真但不必较真；有原则操守但不必固执己见。

学会做减法生活，是一个智慧的生存之道。这样，就可做到既有责任担负，但同时能轻松有力地前行。所以不必拘于小节，不斤斤于小事小非，而是心怀大局，保持内心清净，把"大事化小，小事化了"，不让他们干扰自己，从而专心致志，做自己该做的事情。历来成功的大人物们，面对纷扰的社会人生，无不如此。

一个人，总要学会达观地面对现实，面对降临到生命中的一切人和事，更要善于面对自己，平衡自己，这当然需要一个过程，需要生活的历练，需要修养的提升，然后，才日益变得通达，学会智慧地把握，活得更加稳健有力。

太过较真活着太累，也没必要，往往因小失大。真正的聪明人，在一些人事的纷扰面前，能心怀大志，对世事保持一份糊涂之心，还自己的内心一份清净，专心致志做自己该做的大事。

是非皆因多开口，烦恼皆因强出头

> 南怀瑾先生说："人有一个毛病，懂了以后一定喜欢表现出来。这种态度，做学者可以，真去做事，就不可以，是大忌讳，至少自己会很辛苦。"

爱自我表现，这是人的虚荣心在作怪。希望表现自己，满足自己的自尊和虚荣心，引起别人的关注和认同。人都有虚荣心和表现欲，区别只在于程度的不同而已。适当表现自己，有时也许有助于机会的获得，但表现的方式需要注意，分寸需要把握，否则适得其反，自己达不到目的，也引人厌烦。表现自己，往往是因为争强好胜，不甘落后，所以主动行动，展示自我。原本这没有错，追求进步，力争上游，但如果表现过分，同样效果会适得其反。

佛家说："人之所以痛苦，就因为追求错误的东西。"自我表现欲太强，就是名利心太重的具体表现。要知道，名利本身并不能给人真正带来心灵的解脱和快乐，所以，聪明人争取，但怀一份超然，看得开，所以不会故意表现出争强好胜的样子，而是注意藏拙，轻易不露头。这是一种人生的姿态，也是一种明哲保身的处世智慧。

生活中，我们到处可见有些人，张扬凌厉，喜欢表现自己，争抢风头；或者好为人师，知道了一点，就想当然地下结论，教育别人；或者有些才华，就自以为了不起，锋芒毕露，滔滔不绝，自呈英雄。因为喜欢表现自己，不甘寂寞和落后，又争强好胜，在人群中，那个喜欢对人对事评头论足，甚至有意无意招来是非的，往往是这些人。

这些人为什么不能安静一会儿？不说话不表现自己，怕别人不认识他吗？说到底，正是因为实力并不具备，心浮意躁，不安现状所致。真正有实力的人，是从容沉静，胸有成竹的样子，而且为人处事也有修养，是收敛自己，低调处世的。因为他明白叫卖得好听，不见得东西好。只要自己有实力，自然会有人赏识你，不必自己急着为自己宣传。

只要有些人生经验的人都明白，"祸从口出"，"枪打出头鸟"，纵使有些才华，有些观点，也要注意表现的方式，也要顾及别人的感受；言行检点不仅是一个人修养的表现，也体现出一个人为人处世的智慧。三国时的杨修，有聪明才华，能言善辩，但恃才傲物，目中无人，最主要是言行不检点，喜欢自呈聪明，卖弄自己，结果，引起曹操的戒心和反感，最终将他杀害。这就是"聪明反被聪明误"。

有些人心直口快，说话没分寸，容易出口伤人，最终也伤及自己。有些人无聊，喜欢对人评头论足，飞短流长，是非由此招来，害人害己；有些人，喜欢出风头，不能落后，凡事抢在前头，不懂让步，也不知分寸，结果往往既得不到机会，还让人生厌。而**那些平时看去平庸无能，不显山露水，沉默寡言，安分守己，不争不抢的人，反而让人信任，得到机会。相比之下，他们似乎更懂得在等待中把握机会，更懂得为人处世的智慧。**

宋代临济宗的无德禅师，精心参禅，道行很高，深受人们的敬重和仰慕。

有一个七岁的小孩，是无德禅师的忘年交。小孩聪明活泼，常常找无德禅师聊天，海阔天空地瞎侃一通。无德禅师十分喜欢他，常夸他机智非凡，思考说话都有些禅意。

一天，无德禅师对小孩说："老僧我每天很忙，没有闲工夫跟你在这里胡扯乱侃，嬉闹玩耍。现在咱们俩再辩论一次，要是你输了，你就得买饼来供养我；要是我输了，我就买饼与你结缘。"

小孩子一听有饼吃，高兴地说："那就请你先拿出买饼钱来！"

无德禅师笑着说："我辩论输了才给你买饼钱，要是你辩论输了，哼，你要供养我呢！"

小孩说："你出题目吧。"

无德禅师问："假如我是一只公鸡。"

小孩答："我就是小虫儿。"

无德禅师抓住小孩的话头说："你是小虫儿就糟糕了，你快快买饼给我这只大公鸡吃吧！"

小孩子并不认输，他镇定地说："师父！你要买饼给我吃才对。我是小虫儿，轻盈灵巧，见了你这只笨拙的大公鸡，我可以飞呀！再说，我们是师徒，是不可以争论的。你再想想，谁输了？"

无德禅师无语，让小孩等着，自己悄悄回到禅房，拿钱出来给小孩子买饼吃了。这就是老少禅者间的一桩趣事。

七岁小孩心甘情愿当一只小虫儿，屈居大公鸡之下，大公鸡一发威,小虫儿就可能命丧大公鸡口中,可是,小虫儿也可以选择飞走,这好像是避而不争,师徒间的不争论。所以说,小虫儿飞走是更好的处事方式,是禅悟的思维方式。

古人说:"强辩者饰非,谦恭者无争",爱争强好胜的人常常会不诚实地掩盖自己的弱点,而谦恭的人即使有实力,也会回避,不跟人争竞。

 南怀瑾佛学智慧

"福德大致分为两种,一种是人世间的福德,文学上称鸿福,是世间法;另一种是所谓清福,出世间法。清福比鸿福还难,所以人要享清福更难。"

□ "做人做事要留点遗憾"

南怀瑾先生说:"有人学哲学,学得不好的,反而觉得人生没有意思,你说搞了半天有什么结论?没有结论。这个世界就是一个缺憾的世界。但是也有人通了的,晓得这个世界本来就是个缺憾的世界。像曾国藩在晚年,就为他的书房命名为'求阙斋',要求自己有缺憾,不要求圆满。太圆满就完了,做人做事要留一点缺憾。"

世界本不完美,人生也有缺憾,人无完人,所以不必做完美追求。当一个人经历些事情,就明白了这个道理。一方面看清楚了很多事情,不再苛求,尽力而为就行了。另一方面学会了达观些为人处事,不跟别人和自己较劲,不再有无谓的执著。对于自己没办法改变,无能为力的事情,不去强求,不去管它,学会放下;对于假恶丑,对于看不惯的事情,学会理解宽容和原谅;对于不属于自己的东西,不去追求……总之,对自己、他人和社会有了较清楚的认识,就不会再有任何的想当然,从此学会积极向上,但同时又能"乐天知命",学会安分守己,做自己的事了。

人生的意义何在?从小受的教育是奉献。但事实上,这个是社会标准上的意义,对每个人并不能通用,不是每个人只有通过奉献才感觉到意义。那么,人生到底有没意义?从死生都寂寞,两手空空的事实看,人生似乎没有意义。但如果看过程,似乎各人都活得很有兴味,无论苦乐喜忧,成败得失,都能忍受,一如既往地向前。虽是别无选择，但毕竟从中体验到人生百味；而且各有各的不同，丰富多彩的世界由此形成，装点着我们的生活，满足着各自渴望不同的心灵。无论活得如何，总有一份体验获得，人生的苦乐全在其中……所以，如果说人生有意义，那意义也在其中，而且每个人的理解不是一样的。这样说来，人生的意义真正来说，是自己定义的，也是由自己来寻找或者说创造的，与社会和他人的关系并不大。

佛家认识到了人生的不完美，所以不必苛求，即使是修行，也没有真正至美的境界，所以有一些缺憾，未必是坏事。因为这种缺憾，加之佛家认为人生又是苦和空的，都是被逼迫下的，所以要修行，以离苦得乐，甚至要修来世，为了摆脱生死轮回之苦，以达永远的极乐境界。

修来世，达极乐，未免太缥缈，于我们常人太遥远不可追，所以不如选择修今生，研究如何离苦得乐，活出快乐人生。

但是，谈何容易？看众生，虽明白人生的苦，但有几个人可以看透？有几人能够不受欲望和名利的驱使？总是原谅自己，自欺欺人，今天苦了，明白乐了，这苦就被消弥在了乐中，为乐而战，重上征程，一生乐此不疲，乃至不能自拔，失去自我……因此，有很多人，面对灯红酒绿的生活，面对各种诱惑，不能把握自己，人为物役，不能抵制来自内心和外在两方面的"魔障"的干扰，这是人的最大脆弱之处。

现实中，有的人追求完美，对自己和他人都要求很高，几乎是一种苛求了，做事要求完美无缺，面面俱到；做人要求完美，不容自己和他人犯错；对于看不惯的人和事，不能宽容原谅。但这么做的结果呢？往往是徒劳的，令人失望的，而且给彼此压力，身心交瘁。活得这么累？又何必呢？

现实世界中，没有完美，所以不必苛求，不必求全责备。所谓"水至清则无鱼，人至察则无徒"，"最美是美的敌人"，所以任何事情，要求完美和面面俱到，不留遗憾，不仅是让人失望的，也是徒劳的。做人做事都是如此，能做尽力而为，对己对人负责，就是最好。

正因为世界存在不完美，才有参差的丰富；正因为人生有遗憾，我们才会努力完善自己；一个人正因为有些小缺点，才显得真实可爱；正因为事情总能不令人满意，才有事情可做，才能在创造性的劳动中体能到成就的满足感……总之，没有缺憾，反而是不正常，不完整的人生。

有时，差不多主义反而能长久。就是因为它符合了不偏不倚，不失分寸，符合"中庸"的法则。古人早就认识到"盈满则亏"，"物极必反"的道理，什么事情，不能做到头，到头了就必定会走向反面。所以，要想长久，差不多也许更好，持盈保泰最好。

中国历史上的郭子仪和曾国藩，在人生和事业的巅峰时刻，认识到"高处不胜寒"和"宦海浮沉"的道理，所以"战战兢兢，如履薄冰"，坚守中庸之道，以持盈保泰，保全名节为重。所以在他们人生最得意的时候，他们能做到急流勇退，谦卑自

南怀瑾佛学智慧

"金刚，在金属之中最坚固，就像金刚钻一样，能破一切法。也可以说，能建一切法，而且无坚不摧，所以叫金刚般若波罗密。意思是能断世间一切苦痛、一切烦恼，而成圣成佛。所以称为'能断金刚般若波罗密'。"

处，选择回归平凡，深得明哲保身和抱残守缺之道。

如果看透了人生之苦和憾，就会看淡名利，以坚守自我为原则，不会人为物役，活出自主。这就是，面对现实的诱惑以及种种假恶丑，能够跳出来看，保持一种旁观和审视的姿态，心怀一份超脱，无论是好是坏，都能做到达观处理。

如果看透了人生，就会明白人生的苦是一定的，重要的是如何自己找乐；人生的缺憾是一定的，重要的是如何积极悦纳它。当你做到了自得其乐，做到了游刃有余地穿梭在真善美与假恶丑之间，你就做到从容而智慧地生活。

南怀瑾佛学智慧

"人生学佛修道，这一念能平静，则万法皆空。但是这一念最难平，这一念就是当下一念，由于贪嗔痴慢疑的感受及执著，当下这一念不能平，因此所有的修持都是白费了。"

□ "少妨碍他人，就是最好的道德"

南怀瑾先生说："人活在世界上是互动助的，我们的幸福享受，一定有赖于别人，甚至妨碍了别人。不过，如果能常生警觉，想到妨碍了别人时，尽量少妨碍人家一点，那就是最好的道德了。"

作为生命，人是单独的，也是孤独的，但作为社会人，人生活在社会中，与他人紧密相连，相互储存，不可能单独存在。所谓有哭的，就有笑的，有人喜，有人悲，是说人世间的丰富和多样性，更是说这种哭笑有着某种必然的联系。甚至是，你的喜忧苦乐连着另外人的喜忧苦乐，你的快乐可能会伤害到别人，成为他人的忧愁。也是从这个意义上讲，南先生说人要考虑到别人，心怀谨慎，顾及到别人的感受，尽少妨碍他人，这就是一种自觉的道德了。

社会和人心是复杂多变的，人与人之间的关系十分微妙。有时，你无意中可能会伤害到别人，有时，别人的喜乐也会成为你情绪变化的直接原因。比如，你有了喜事，或者成功了，当然是高兴事，但可能会伤害到别人，他正好对你心怀嫉妒，或者视你为竞争的仇敌。所以，如果你自觉的话，聪明的话，会考虑到这个，不能骄傲得意，谨慎小心，不能表现过分的高兴，这就是你的自觉和修养了。考虑到别人的感受，是一种礼貌和修养，也是一种自保的明智态度。如果你觉得这完全是自己的事，才不管那么多，可能会影响不好，对自己不利，喜事，好事，可能因为妨碍了别人，迅速转化为坏事，甚至是祸事。

所以，不是你不惹人，别人就不会来惹你。**做人不容易，人生活在社会上，不是一个自己的事情，而必须考虑到别人，考虑到应与人和谐相处，尽量减少对他人的有意无意间的妨碍和伤害，避免人事纷争。**

少妨碍他人，不仅仅是一个在公众场合注意文明礼让，注意社会交际法则的问题。比如女士优先，约会守时，扶老携幼等，必须遵守，不能越规。更重要的是，要处理好与他人的和谐相处，注意为人处世的方式方法，尤其要注意到别人的感受，而不能任性，一意孤行或者刚愎自用。

有些人，比较自我，性情外露，不想受一点约束，也不大注意别人的感受，可以说有些自以为是，我行我素，或者被宠惯了，没受过什么教训，所以为人处事任性而为，有情绪化倾向，不善于与人合作，也不考虑别人的感受。这样的人的言行，往往触犯了他人而不自知，一旦有人针对他，他还没觉察到，所以，等他碰了些壁，吃了些亏，受了些教训后，才真正明白，别人不是你的父母家人，没有人袒护你，由着你任性，然后学会言行检点，谦虚谨慎，安分守己。无论得意与否，不能张扬，否则，会让人不舒服，也就是妨碍了他人，有人就会来"治"你，教训你一下。

佛家认为，一切众生权利平等。我们当然不能妨碍他人，涉足人家的权利范围。就是你不去惹人，也要注意防范，不让自己的言行无意中对他人产生压力和不快。

那么，谁又能知道如何避免这种无心之过呢？

首先，要文明礼貌，谦虚谨慎，言行检点，绝不能目中无人，更不能自以为是，张扬凌厉，刺人害己。

其次，要学会尊重他人。不仅要尊重别人的个性、人品，还要尊重他的生活方式，注意不要触及别人的自尊和隐私，不干涉别人的生活。

第三，不要在公众场合评论别人，品评是非对错。管住自己的嘴。

第四，客观公正看待社会和他人，不想当然，不站在自己的立场发表自己倾向性的观点，不轻易下结论。

第五，学会换位思考和设身处地，要善解人意，与人为善。

第六，不断提高自己的修养，完善自我，增长智慧，提高为人处世和待人接物的交际能力，提升自己的人格魅力和公形象。

人的一生，不仅是一个奋斗的过程，更是一个成长的过程。没有人生而知之，总要经历一个学习和磨砺的过程。尤其是修养，总要到一定时候才发现其重要性，才有意识地自觉培养。走过盲从迷茫的少年，走过骄傲自大青年，人到而立时，经历过成败得失，笑过痛过，有所感受之后，才开始真正的成长成熟，开始意识到修养和心理建设的重要性。而这种修养和心理建设，不是个人的，完全是与社会相连的，是必须考虑到为人处世的，只

南怀瑾佛学智慧

"知识分子喜欢看书，照样是这一念，贪恋于书也是贪，不要认为这个不是贪，没有哪一点不是贪，贪是人性根本，范围是非常非常广泛的。有人自认不贪，什么都不要，年纪大了，功名富贵看通了。信不信？真来个功名富贵摆在他前面，他照样的去了。"

有提高，才可能增长智慧，让以后的路走得结实些。

这里的修养，其实说白了就是一个如何更好地做人做事，如何为人处世，如何面对自己、社会和他人，如何协调与外在关系的问题。说到底，是一个修养和做人的问题。你修养好了，做好了人，你才有能力把握自己，才有能力协调与他人的关系，让自己以后的路走得结结实实。

你真诚而努力地做人做事，尊重别人，与人为善，顾及别人的感受，不妨碍他人，回避有意无意间对他人的妨碍和伤害，就不至于受制于人，就能比较顺利地前行，扎扎实实向前去⋯⋯

南怀瑾佛学智慧

"'娑婆泪海三千界'，可是这个世界上的众生，对于富贵的福报，看得很重，由生追求到死，到死还不肯放手。所以，常啼菩萨永远在哭，悲痛这个众生的愚痴、愚蠢。这个世界叫娑婆世界，娑婆泪海啊！个个都是可怜人。"

化解仇怨，征服人心

南怀瑾先生说："能够不怀恨别人，宽恕了别人，所以和别人之间的仇怨就没有了，而坏人也渐渐会被他们所感化。"

人都是自私的，所以总是站在自己的角度和立场看别人。一个人做到宽容不容易；而如果是面对一个与自己结怨的人，就更难以做到原谅宽恕了。

因为对方曾冒犯过自己，自己受过冤枉，受过气，吃过亏，心上正对他恨恨不已，正愁没机会报复，以解私愤呢，怎么可能做到宽恕原谅呢？是他对不起我，他不来认错，不来道歉，不补偿我的损失，凭什么我要原谅他呢？我没有那么伟大，也不必要那么伟大；如果是那样，他会自以为得意，难说会得寸进尺呢！这么想着，越想越不平衡，越想越恨，决定不原谅他；这么想着，甚至最后得出一个结论，给这个仇人定性为：小人，或者伪君子，这样的人，我与他不共戴天，反正不想与他往来，所以决定不原谅他，视他为仇人。

不原谅一个人，多半是这么想的，总有自己充足的理由，而且，出于自尊，也不可能对一个伤害过自己的人和好如初，或者主动示好，那样太没面子了。这样的事不能做！

在愤恨一个人时，会想出各种理由说服自己，不能原谅他。但是，这个思想斗争的过程，其实充满了纠结和痛苦。为什么纠结痛苦？本心里，也是并不想与一个人彻底绝交，终生为敌的。也就是说，对方在自己眼里，并不是到连想都不想的地步，如果是那样，就无所谓痛苦了。

痛苦，不仅仅是因为得到了伤害，更是为自己与这个人为什么结怨结仇而思索。实际上，谁想这样呢？尤其曾经关系不错的，无论是朋友，同事，还是亲人，如果一朝结怨，那么就痛苦无限。

痛恨甚至报复对方的过程，原是为了解除痛苦，反而更增加了痛苦。可见，痛恨和报复并不能减少痛苦，冤冤相报何时了？最好的办法是原谅宽恕，以德报怨，化解仇怨，如朗月星空，痛恨痛苦烟消云散。

面对你的宽恕，原本心中有愧只是不肯认错的对方，自会相形见绌，在惭愧之余反思自己，在佩服你的同时甘拜下风，从此再不敢与你为敌，在心里对你产生永远的敬畏。所以，宽恕，是一种征服别人的伟大智慧。

佛家向来慈悲为怀，修行的不仅是忍辱的功夫，更有对众生的慈悲仁爱。慈悲的不仅有善良的人，更有"坏人"，只要他良知还在，就不放弃对他的度化。修佛是为了离苦得乐，当然要放弃痛苦，因为仇怨之心会令人痛苦，所以，务必要放弃，化解一切怀恨仇怨。如何化解？主要是感化、原谅、宽恕。

一天，七里禅师正在打坐，一个强盗突然闯了进来，手持一把尖刀，对着禅师厉声喝说："把柜里的钱快拿出来！不然，要你的老命！"

七里禅师镇静地回答："钱在抽屉里放着，柜子里没有。"

强盗就在抽屉里乱翻一通,七里禅师用叮嘱的语气缓缓说道:"你自己拿去用,但要留下一点,寺里现在米已经吃光,要是不留点买米钱,明天都得挨饿呢!"

强盗才不听,他拿走了所有的钱。临出门时,七里禅师对他谆谆教导说:"得了人家的东西,应该说声谢谢吧!"

"谢谢!"强盗嗫嚅着,向七里禅师笨拙地鞠了一躬。但出门后,他突然为自己的行为感到羞愧,为此心慌意乱,这种感觉可从来没有过。他想了想,决定不把钱全部拿走。于是,掏出一把钱放回了抽屉。

后来,这个强盗在别处作案时,被官府抓住。根据他的供词,衙役把他押到七里禅师的寺庙取证。

衙役问禅师:"多日前,这个强盗来这里抢过钱吗?"

南怀瑾佛学智慧

"一切大小乘的佛法,尤其是小乘的佛法,是戒、定、慧、解脱、解脱知见,五个次序。按次序来修行,先守戒,再修定,再由定发慧悟道。真的悟道了,解脱一切苦厄,但是解脱的最高程度,仍是物质世间一切的束缚。当这些欲界、色界一切的烦恼、情感都解脱光了以后,还有个东西就是心性的所知所见,这个知与见仍要解脱,最后要彻底的空。"

"没有,他没有抢,钱是我给他的。"七里禅师说,"他临走时,还说了声谢谢,我还记得呢。"

禅师的话深深感动了强盗,他咬紧嘴唇,,眼泪在眼睛里直打转,一声不响地跟着衙役走了。

强盗并没因禅师的庇护而获释。但在服刑期满后,他立刻去叩见七里禅师,执意请求收他做弟子。七里禅师没有答应,他就长跪三日,最终禅师收下了他。

再看现实生活中,能够做到宽恕仇人的心,一定是心胸不凡,道德高尚,修养深厚,眼光高远,顾全大局,前途无量的人。因为一个人能否成就不凡,最终决定的力量不是能力,而是心胸。一个器量不凡的人,自然会气宇轩昂,远见卓识,气度不凡,不因小失大,不斤斤于小恩怨,而是放开眼量,顾全大局,把大事化小,小事化了,不与人结怨,也不轻易树敌。即使有敌人,也会正确对待,不会以小我的私而影响自己的事业前程。古今中外成就非凡的大人物们,无不如此。

战国时期,赵国有一位谋士蔺相如。他为人胸襟宽广,而且足智多谋。

一次,在渑池会见结束后回到赵国,由于蔺相如立了大功,所以赵王任命他为上卿,官位在廉颇之上。廉颇不服气地说道:"我作为赵国的将军,曾立数次攻城野战的大功,而蔺相如只是耍耍嘴皮子,官位就能超越我,再说,蔺相如是一个粗鄙低劣之人,他官位高于我,真是感到丢人。日后让我见到蔺相如,一定要好好羞辱他番。"

廉颇的话传到了蔺相如的耳中,每当上早朝时,蔺相如往往会以身体欠安为由，避免与廉颇碰面，以防起争执。

有一天，蔺相如外出，远远地看到廉颇，蔺相如立即驾车改道躲避。

蔺相如的门客见状，纷纷对他说："我们之所以离开亲人来侍奉您，就是因为仰慕您的崇高道义。但是，如今您与廉颇平起平坐，他对您不敬在先，还散布了一些难以入耳的话，您非但不去讨公道，反而畏惧躲避，不敢面对他，这让普通的人都感到十分羞辱，更何况对于将相呢，我们实在无法忍受，请准许我们告辞。"

蔺相如挽留他们说："你们看廉将军与秦王比，孰强孰弱？"

门客们异口同声道："当然秦王较强。"

蔺相如点了点头，说道："而我曾在宫廷上呵斥秦王，并羞辱他的大臣们，我虽然比较愚昧，但还不至于畏惧廉将军吧。"

门客们面面相觑，纷纷点头示意。

蔺相如接着说："我之所以想方设法避免与廉将军面对面起争执，是因为我考虑到强大的秦国不敢进攻赵国的根本原因在于，赵国有我们两个人在。倘若我与廉将军相斗，势必不能共存，真是会两败俱伤。正所谓：'两虎相争，必有一伤。'其实，我这样做的目的就是为了确保国家的安定，将个人的荣辱抛在脑后。"

蔺相如一席言辞让众门客钦佩不已。此言传到廉颇耳中后，他顿时悔悟，于是袒露上身，背着荆条，到蔺相如的府上谢罪，惭愧地说道："我是一个粗鄙浅薄的人，真的是无颜面对蔺将军,感谢您对我的宽容,没有让我继续盲目下去啊。"

两个人就此和好,还结为生死之交。

正是因为蔺相如不为外界荣辱而乱心分神,能够以大局为重,做到"绝巧弃利""少私寡欲",并善于在小裂缝出现的时候,及时进行修补,最终才避免了大争端的出现。

宽恕是一种伟大的人格力量,也是一种境界,更是一种为人处世的通达智慧。

南怀瑾佛学智慧

"'镜花水月梦中尘',就是说世间一切都是虚幻的,如镜中花,水中月,梦中尘等。佛经经常用这种譬喻,说人生一切万有的现象,如镜中的花朵,你不要认为没有花啊!镜花水月并不是说绝对的没有,只是告诉你是虚幻的,不实在的,是偶然暂时的存在而已。这个暂时存在的有,是把握不住的,不常的。"

第六章
烦恼人生，通达自会解脱

□欲望太盛，做人难刚强

孔子曾说："我没有见过刚强的人啊！"

他的弟子对此很不理解，就问道："申枨这个人应该可以算得上刚强的人吧？"

孔子连连摇头，说："申枨这个人满脑子都是无尽的欲望，怎么能够算得上刚强？"

弟子还是一头雾水的样子，看着孔子。

然后，孔子继续解释道："有欲望不一定就是贪钱。凡事没有辨别是非就和别人争，一心想着要胜过别人，这就是'欲'。申枨这个人争强好胜，往往容易感情用事，这就是'欲'啊。而所谓的'刚'，就是能够克制自己，无论在什么样的环境中，都可以始终如一。这样的人，才能够称得上是'刚'。"

在解释孔子的这句话时，南怀瑾先生说："一个人有欲望是刚强不起来的。碰到你爱好的，就非投降不可。人要到'无欲'则刚，譬如说，这个人真好！真了不起！就是一点毛病：爱钱。既然他爱钱，你拿钱给他，他的了不起就变成了起不了了。你说这个人品德样样都好，就是一个毛病：爱读书。于是懂得手段的人就利用他了，什么都不和他谈，专谈书，他就中计了……所以真正刚强的人，是没有欲望的——无欲则刚。"

可见，要做到真正的刚强，是不容易的，不是我们通常理解的意志坚强，百折不挠，而是真正内心的无欲无求，不为什么所屈服妥协，不被什么打倒。就是说，他内心十分有定力，这个定力来自什么？孔子和南先生都认为，就是"无欲"。一个人只有做到没有什么欲望了，无所求了，才会变得真正有定力，刚强不倒。

佛家也说："人生苦的根源就在于欲望"，所以修佛，首先就是要减欲，断欲，断掉一切念想，为此戒掉一切爱好，清心寡欲，持戒修行，以让心回到"无我"和"无欲"的清静状态，这样，就自然能够做到定力无限，对什么诱惑都可做到无动于衷了。

但是，这对于我们普罗大众来说，是万难做到的。也许是没有必要的。欲望来自人性，是不可能消除的。尽管它是人生烦恼，甚至是万恶的根源，但也正是在欲望的驱使下，我们心怀向上的前进的动力，拼搏奋斗，实现有成就的精彩人生。

但是，正如欲望是人生的祸根一样，欲望也要有所把握，不能任由其无度发展，纵情纵欲，失去分寸，结果只能是引来祸患，烦恼自生，增加人生的痛苦。还有，正如南先生所说，因为欲望，你必然有所喜好，有所害怕，因为喜欢，就要争取，为了得到，就会有某种妥协，这样，怎么能刚强起来呢？即使功成名就，你依然有所忌惮，害怕失去现有的东西，所以，就其生命的本质来说，并不算真正站起来了；一个人活了半生，没能站起来，所以不能说是真正的刚强。

"无欲则刚"，是古人追求的一种理想人格，也是一种自勉自励。无欲无求，无欲无惧，所以能做到勇敢无畏。孟子说："富贵不能淫，威武不能屈，贫贱不能移，此之谓大丈夫也。"

歌颂的就是那种无欲无求，精神独立而强大的大丈夫形象。现实中，也许并不能真正做到，但在行动上，要作为一个标准来追求，以做到尽量的接近。

为什么一定要这样？ 就是面对社会人生，个人要掌握自我人生的主动权，不随波逐流，少受外界的干扰，保持精神的独立自由，保持尊严和人格的独立不屈。

另外，这样做，也是不想自己变成功名利禄和金钱的奴隶，看淡名利富贵，转求精神富有，追寻一种超越物质的永恒。这种永恒是不是有？有没有必要追求？这并不重要，重要的是高扬起自我生命的风帆，保持一个独立的姿态，守护好自己的精神家园，不向物质世界妥协，显示出一种人格和精神的高尚力量。

一个人，只有无欲无惧，拥有了内心的力量，才能做到屹立不倒。

倘若一个人看不到欲望的负面作用，一心求欲望的满足，而且不断膨胀，不知足，不知止，势必会走向愿望的反而，乐极生悲，甚至引来祸患。欲望太多，这山看着那山高，不安现状，身不能立，心不能安，终难做成事情，也不能获得心灵的安宁。

《六度集经》中讲述了这样一个故事：

从前，有很多商人到海上采集海石上的蛤蜊。

在这群人里面，有一个聪明人，叫弥兰，他被众人拥为首领。

但是，在航行的过程中，遭遇不幸——大海里有一只神龟，把商船撞坏，商人们都随着沉船葬身海底，只有弥兰抓住了一块木板，才幸存活下来。

随着风，弥兰漂流到一个叫鼻摩的岸边。于是，他上岸,坐下来休息一下。看到四周广阔的天地,他一时有些茫然,禁不住四处张望。

猛然间,他发现有一条小路。然后,他就顺着这条小路走了进去……

走着走着,他眼前出现了一个新景象:在他的前方,有一座银色的城堡,开始远,后来离他越来越近了。哦,这里还有一条清澈的小河,绕城而过……犹如仙境的景色,他不觉看呆了。

这时,从城堡里袅袅婷婷地走出来四个容貌端庄的女子。她们看到弥兰,走地来亲切地对他说:"您经过长途跋涉来到这里,真是辛苦了!非常欢迎您的到来。我们这里叫银城,这个城堡是用黄金、白银、水晶、琉璃、珊瑚、琥珀等建成的殿宇,我们四个人是专门来侍候您的,从早到晚都会听从您的吩咐,只是希望您安心待在这里,不要往别处去了。"

南怀瑾佛学智慧

"好几位学佛的老朋友们,在家专心修行不方便,与修行团体住一起又说住不惯。其实,他是不能'随遇而安'而已!他不能'应如是住',连换一个床铺都不行了,何况其他。实际上,床铺同环境真有那么严重吗?没有,因为此心不能安,所以环境与事物突然改变,我们就不习惯了,因为这个心不能坦然安住下来。"

弥兰一听，能不高兴吗？于是，就乐呵呵地进了城堡，听从美女们的安排，在七宝殿里住了下来，过着随心所欲的生活，想要什么就有什么，真是舒舒服服，安逸享乐的日子啊。

时光如梭，就这样，一千多年过去了。

弥兰有些不安现状了，开始想："这四个女子不让我走出城堡，难道有什么缘故吗？"

他越这么想，就越想弄明白。于是，等这四个女子睡着以后，他就偷偷地一路小跑溜走了。

他真是幸运，在逃跑途中，他又远远地望见一座金城，呈现在眼前。而且，很快，从金城里袅袅婷婷地走出了八个年轻美貌的女子，她们说的话跟以前银城的女子说的一样，而且，这八个女子的姿色又较前四个女子更胜一筹。这个城堡中的宝殿叫屑末，由明月珠宝造就，华丽超过以前的殿宇。

在这里住了上万年后，他又开始疑心这八女不让他走的用意，窥伺到八女都熟睡的时机，悄悄地溜出了城堡。

他走着走着，又望见了一座水晶城堡，有十六个美丽窈窕的女子出来热情地迎接他。她们说的话跟以前的女子们说的一样，这些女子邀请他居住七宝殿，城堡里和大殿里宝物众多，这些女子容貌姿色比以前的那些女子更加妩媚迷人。

弥兰在这座城堡居住了上万年，日久生厌，就又等女子们熄灯入睡后偷偷溜走了。

这次，在路途中，他远远望见的，是一座琉璃宝城。琉璃在太阳的照耀下熠熠发光，整座城堡好像仙境一样。

有三十二名美丽异常的女子出来，跪请弥兰进城，所说的言辞与最初的四个女子所说的一样。弥兰被邀请居住在七宝殿，殿名叫爵单，里边有众多宝物、歌伎乐队、甘美的食物等，女子的美貌又远胜过从前的那些女子。

弥兰又在里边居住了上万年。然而，日久生厌，他又开始怀疑这三十二个女子挽留他不要去别处的用意。趁她们熟睡之际，悄悄不辞而别了。

这次，在路途中，他远远望见的，却是一座铁城。像往常一样，他满心期待，心想一定又有美女出现。但是，他等了很久，也没有一个人出来迎接他。

弥兰心想："银城有四个女子迎接我，金城有八个女子，水晶城有十六个女子，琉璃城有三十二个女子，她们都光彩照人，虔敬对我相迎。这座城堡怎么没有人迎接我呢？是不是因为此处女子比别处的女子更美丽，身份地位更高呢？"

他绕着这座铁城走了一圈，有一个小鬼出来开了门。弥兰进了城堡，迎面遇见一个叫做俱引的鬼。这个鬼的头上赫然有个火轮在碾轧他的头。专门看守罪人的鬼从那鬼头上取下火轮安置在弥兰头上，旋转着的火轮把弥兰的脑浆都碾轧得流出来了，弥兰浑身焦黑。

到此时，弥兰悔之晚矣。他悔泪交横地叹道："从四个美女到八个，又从八个到三十二个；从一个大殿到另一个更豪华的大殿，我一直不满足，总想着得到更好的。正是因为欲望永不满足，才落得现在这个下场。我现在怎么才能摆脱这个灾祸呢？"

看守罪人的鬼说："铁轮在你头上碾轧的年数跟你活

的年数一样,年数到了,就放了你。"

就这样,火轮在弥兰头上碾轧了整整六亿年才被鬼取走。

所以,多欲之弊,一定要警惕。一个人得到欲望的满足,一定要感恩惜福,否则,如佛家所说,纵欲无度,只会给自己造成"罪业",福报也终演变成恶报了。

 南怀瑾佛学智慧

"'万象都缘一念波',人生的烦恼和一切痛苦,就是一念,没有第二念,千千万万不同的现象,就是一念动了。像大海水,平水无波忽起一个波浪,一点动,千万点烦恼就跟着来了,所以说万象都缘一念波。"

□贪婪是一种毒药

南怀瑾先生说:"一个人如果真正立志于修道,这个'修道'不是出家当和尚,当神仙的道,而是儒家的那个'道',也就是说以出世离尘的精神做入世救世的事业。一个人如果志于这个道,而讨厌物质环境艰苦的话,比如怕自己穿坏衣服,怕自己没有好的吃。换句话说,立场于修道的人而贪图享受,那就没有什么可谈的了。因为他的心志已经被物质的欲望分占了。"

人有物质追求很正常,因为没有一定的物质基础,生存无以保障,也不能活出生活的品质。金钱虽然不是万能的,但没有钱,很多事情,也是难办的。但是,拥有金钱和名利也不一定活得幸福快乐,所以,精神上的需求,并不能从物质那里得到满足。所以,物质终不能代替精神,精神的需求,只有从精神层面去寻求。

应该说,真正财富是内心的丰富,真正的人生幸福和快乐,也是来自内心。实在说,与金钱和物质并没有多大的关系,并不是有些人认为的那样:有了钱,就一定人生美满,可以高枕无忧,幸福快乐了。相反,金钱往往会成为人们走向庸俗和罪恶的祸首。

由于生存,也由于贪欲,世人的追求越来越物化,物质愈昌盛,精神却日益空虚,精神危机出现,却不知道怎么办。生存的压力,竞争的激烈,人心浮躁,世界多元,不确定性和可变因素日益增多,人心中的安全系数越来越低,这就更让人们急功近利,更加疯狂地追求物质,越多越好,不这样似乎不能增加安全感。

不少人贪婪成性,在追求物质满足的过程中,越陷越深,直到迷失了自己,甚至走向犯罪,身败名裂。

《大庄严论经》中有这样一个故事:

一天,佛和阿难在舍卫国的旷野中行走着……

忽然,他们发现不远处有一堆金子。佛对阿难说:"这是一条大毒蛇。"

阿难也对佛说:"这是一条剧毒蛇。"

不巧,他们的对话恰好被田里劳作的一个农夫听到了。他隐约听见有人说有毒蛇,就忍不住去看看究竟。他蹑手蹑脚地走到那里一看:啊!原来是一堆黄金。

他喜出望外,快速行动,把它们都拿揣到自己的包

南怀瑾佛学智慧

"所谓如来,心如明镜,此心打扫得干干净净,没有主观,没有成见,物来则应。事情一来,这个镜子就反应出来,今天喜怒哀乐来,就有喜怒哀乐,过去不留,一切事情过去了就不留。宋朝大诗人苏东坡有个名句:'人似秋鸿来有信,事如春梦了无痕。'这是千古的名句,因为他学佛,懂了这个道理。"

里，拿回家。就这样，他摇身一变，成为当地一位大富翁。

后来，这事传到国王的耳朵里。国王生活奢侈靡费，挥霍了不少国库里的钱财。日下，他正为国家财政赤字头疼呢。现在听说这个农夫有大堆黄金，不由心生嫉妒，想把黄金据为己有。于是，他想办法，把农夫关进了监狱。

农夫的家人一看大祸临头，焦急万分。想花一大笔钱，把农夫赎出来。于是，他们找人，托关系，走后门儿，通了一个关节还有一个关节。就这样，一来二去，从前所得的黄金，到此时也基本花得精光了，但是还不能免去农夫的刑罚。因为没有人耕种田地，家里人的生活也陷入困境。

看到这个情形，农夫也悔恨得要死。想到自己所受的苦都是因为听见了佛和阿难的对话才招来的，就高声诅咒起来："剧毒蛇阿难！大毒蛇世尊！"

有人把农夫的这些话汇报给国王，国王很是奇怪，这些话真是没头没脑的，什么意思呢？

但一想到这个农夫也许有些神通，就传讯他："你怎么一口一个毒蛇呢？监狱里哪有蛇啊？"

这个农夫对国王说道："我从前是个庄稼汉，日子倒是安闲自在。有一天，偶然听见佛和阿难说有毒蛇，我去一看，不是毒蛇，竟然是一堆黄金，于是，不禁贪欲心起，拿回了家。今日想来，这黄金就是毒蛇啊！"

农夫越说越伤心，不禁哭泣起来。直到他出狱后，逢人便讲："佛语是真理，说黄金是大毒，我开始不信，可是我的亲身经历证明了此言不虚。我因钱财受了危难，才真正悟得了佛法。黄金钱财比毒蛇还要恶毒，因为受了毒蛇所咬，只是我一人受苦，可是，财宝带来的毒害，让全家人都受害。我本来还想着找到一堆黄金，这下子可发了大财，反而遭了大罪！我的苦恼都是这财宝招惹的。"

所以，金钱和物质利益往往会毒害一个健康人的心灵，如果把握不好，就会给自己带来灾祸。俗世中的人们啊，一定要切记！

 南怀瑾佛学智慧

"金刚经没有一句谈到空，他只拿虚空来作比方，大家认为金刚经讲空法是一个错误。金刚经只告诉你无所住！无所住并不是空啊！无所住，如行云流水，你看那个流水在流，永远不停留地过去了，但是又有来的，而一切是无所住，并没有叫你空啊！"

不愁不怨，烦恼自解

南怀瑾先生说："人的境界，花落水流红，闲愁万种是什么愁呢？闲来无事在愁。闲愁究竟有多少呢？有一万种，讲不出来的闲愁有万种。结果呢？一天到晚怨天尤人，没得可怨的时候，无语怨东风，连东风都要怨，人情世故的描写妙到极点。这是我们讲到人的心念，一念之间，包含了八万四千的烦恼，这也就是我们的人生。解脱了这样的烦恼，空掉一念就成佛了，就是那么简单。"

人有七情六欲，这就注定了烦恼不断。所谓"成人不自在"，不是喜乐，就是烦忧。反反复复，没完没了。

佛家以欲望为人生苦的根源，为了减少烦恼痛苦，主张禁欲，看透世间烦恼的本质，"空"掉自我所有的心态，断了烦恼根，也就做到真正的自在无忧了。所以，修行得没了烦恼，也就拥有了自在和般若智慧。

但世人做不到禁欲，断不了念想，所以烦恼忧愁不断。在人生的各个阶段，伴随着不同追求，也伴生出得与失的烦恼。

现代社会，竞争激烈，压力转大，生活节奏快速，心情也转换快速，喜怒哀乐忧思恐，等等，无时不缠绕在我们心间。心心念念之间，人生烦恼不断。考不上大学愁，恋人离去愁，找不到好工作愁，没钱愁，没房没车没老婆愁，孩子教育愁，没得到晋升愁，等什么都有了，又为没有内心的快乐愁，为老病交加愁……总之，人的一生，摆脱不了愁。

这是人生的无奈，也是每个人必须面对的问题。这些愁，是生命中无法回避的，必须正视，必须积极面对。

而有些愁，比如闲愁，则是不必要的。所谓"庸人自扰"，愁固然由客观情况的原因，但更多是自己找来的。也就是说，你想愁，愁也就找上门来了。如果你开始乐观积极勇敢，不以为愁，心说："我忙着呢，哪里有闲功夫发愁哩。"愁自然也与你无缘了。纵使有愁压迫你而来，但你坦然心宽，不以为意，当然愁也就拿你没办法了。

一位禅师问弟子们："你们说说看，荒地的杂草怎么除去呢？"

弟子们没想到禅师问这么简单的问题，纷纷争着回答。

一个弟子说："那还不简单，用铲子铲掉就行了。"禅师听完，微笑着点点头。

另一个弟子说："可以等到冬天，草都干黄了，一把火把草都烧掉。"禅师听完，只是微笑点点头。

又一个弟子回答道："把石灰撒在草上，草就不长了。"

这时，另一个弟子抢着说："不行，他们几位说的都不行，那些方法都不能除根，要斩草除根，必须把草根都挖出来。"

禅师听完，总结说："你们说的方法都很好，这样吧，寺庙后头就有一块荒地，长年荒着，长满了杂草。我把这块地分成几份，分给大家，我自己也分得一份，从分到地的时候开始，咱们就分头按照自己的方式除去杂草。明年的这个时候，我们再在那块荒地上相聚，再讨论这个问题。"

冬去春来，转眼过了一年，弟子们各自按照自己的方法整理，但荒地里仍然是杂草疯长，不管是拔根，还是用铲子铲，都没效果，石灰也没什么大作用。只有老禅师打理的那块地种了麦子，麦穗已经金黄了。麦子长得齐刷刷的，哪里有杂草生长的空间和养分？

弟子们终于悟出了一个道理：要想不让荒地长杂草，一定不能让荒地荒着，要在上面种上好庄稼。

心里充实宁静，清静无杂念，自然能自得其乐，而且充满力量，哪里还会有什么闲愁？哪里还会有那么多烦恼生呢？

佛家所谓"境由心造"，就是保持内心的"清静"，万缘割断，万念成空，做到心中"空寂""无我"，摆脱世间的烦恼。

我们俗世中人，不必于追求佛家那样的淡泊一切，但至少应该学习其宁静并安顿自己心灵的修行之道。在纷扰的俗世，让自己怀一份超脱，保留心灵的一片净土，不受尘世玷污，让心宁静，守护好自己的精神家园，安顿好自己的心灵。这样，无论外面的世界如何变幻，都能做到以不变应万变；无论自己的人生境遇如何，都能坦然而乐观地面对，修心养性，把心态调整到最佳状态，不轻易言愁，也不为愁所打倒，充满快乐和力量的活着。

俗话说："愁啊愁，愁得白了头。"愁，严重地影响着身心的健康。多少人因为愁，脸上过早没了笑容，额头过早爬上皱纹，头上过早长出了白发；多少人因为愁，心烦意躁，抑郁成病；多少人因为愁，甚至自暴自弃，自毁人生。所谓"举杯浇愁愁更愁"，借酒浇愁不能解，愁既然是内心产生的，只有转向内心求解决。

愁，对于一个准备不足，不够坚强的人来说，实在是一个重大的打击。但对于坚强的人来说，愁，不会压倒他，而只会更快地被他转化为奋斗的动力。

愁，又往往和怨连在一起，因愁生怨。为什么呢？愁让他百转千回，辗转不安，不知所措，自己无法应对时，往往就迁怒于他人，从而得以渲泄，对他人产生依赖和期望心理。其实，抱怨他人有什么用呢？不如从自己身上找原因，自己解决。而且，动辄寻人不是，抱怨他人的人，也不得进步。

南先生说："'怨天尤人'这四个字我们都知道，任何人碰到艰难困苦，遭遇了打击，就骂别人对不起自己，不帮自己的忙，或者如何如何，这是一般人的心理。严重的连天抱怨……人能够真正做到了为学问而学问，就不怨天、不尤人，就反问自己，为什么我站不起来？为什么我没有达到这个目的？是自己的学问、修养、做法种种的问题。自己痛彻反省，自己内心里并不蕴藏怨天尤人的念头。拿现在的观念说，这种心理是绝对健康的心理，这样才是君子。"

因为不能正视愁，不会解愁，放不下，心不安，不是自暴自弃，转而怨天尤人，这是一个人软弱的表现，缺乏自我独立和负责的精神的表现。

一个乐观坚强的人，只会选择对自我负责，不轻易愁，也不会怨天尤人，他只会积极地自己承受，自己的烦恼，自己解决。

□要明白高处不胜寒

南怀瑾先生说:"一个人地位高了,很不幸,就是自己有了错误,也没有人告诉你。这要自己居过高位,才会亲身体验出来。就拿我个人来说,教书这样久了,学生中五六代都有。见了面,他们'太老师'的乱喊一气,听到的都是恭维。有时候到外面去,有些机构还派上车子,参谋、副官跟在后面照应,对这种情形,我宁愿一个人溜开,要自由活动。人生到了这个时候最危险,'活埋人'嘛!我经常说中国的哲学了不起,皇帝为什么称'孤家''寡人'?当了皇帝真成了孤家寡人,想轻松一下,都没有人敢一起说笑,真没意思。因此,我们研究历史心理,就知道地位越高,心里越空虚,空虚到想发一个牢骚、想讲一句感叹话的对象都没有,相当可怜!不要以为功名富贵好,到了高位就是'寡人',就是'家'。"

所谓"高处不胜寒",就是这个道理。没有得到权力时,人们想得到;但得到后,就会有另一份常人没有的烦恼。许多人一生追求权势地位,以求"一览众山小"的人生境界,但当他得到后,却发现有摇摇欲坠的感觉:一个人站在高山上,虚无缥缈的,风景虽好,但下面是万丈深渊,令人望而生畏。一个人身份、权势、名利、富贵等都有了,锦衣玉食,前呼后拥,根本不必自己张罗,凡事都有人为自己安排,没有人敢说半个"不"

字，眼目所见，耳朵所听到的，都是顺眼顺耳的；偶有不开心，也会有人想方设法让自己开心，这种日子真是赛过活神仙。

但是，你要知道，所有这一切，最根本的是因为你拥有高高在上的权力。如果没了这权力，也许一切都没了呢。人情向来多势利，自古世态炎凉，冷暖变换。俗话说"人在势在"，又说"人走茶凉"，想必不少领导都有此体会，人们孝敬的不是你，而是你的权力。而且，宦海浮沉，身在权力的核心机构，当然也是矛盾的核心，一不小心，可能就被卷入哪个政治风波中，所以，官可不是那么好当的。还有，人到高位，自己管的人越多，但自由也越来越少；周围与自己平起平坐的越少，能听到的真话，能与自己真正交心的人也越来越少了，所以，这种高处不胜寒，也体现在内心的不自在和孤独寂寞。什么都有了，可是却失去了一个最重要的东西——内心的自由和快乐。这也是有得必有失，人生的一种无奈吧。所以，当官也并不能解决人生的快乐问题。

一个领导人物，如果能做到有权无权，都能得人尊重；有位没位，都能做到淡定从容，那么，他才是一个真正值得敬重的人，一个真正了不起的人。

佛家对人生看得很透彻，既断欲念，就更无意于官场。他们选择的是自我修持的人生，求得心灵的解脱。俗世中人，应该学习佛家的自我修持之道，保持自我，不与世同流合污，保持清正为官，方正做人，能上能下，不失自我，保全名节。看历来那些身居官位者，甚至是皇帝，都尊崇佛法，就是为了在忙碌的宦海浮沉中，求得一时的清静和解脱。

历史上，很多身居要职的人，就是认识到"高处不胜寒"的道理，所以保持谨慎小心，"战战兢兢，如履薄冰"，修得明哲保身之道，越在得意时，越在高位，越收敛低调，深得"藏拙""示弱"的中庸之道，"外圆内方"，节操自守，有意与权力争斗和矛盾拉开距离，目的为持盈保泰，不至于在高位上跌下来，落得身败名裂的下场。清朝的曾国藩，深得为官和为人的平衡之道，身在名利场中，拥有权位，但不失儒者的人格追求；人在高位，回避政治斗争，在人生的巅峰急流勇退，知足知止，保全名节，为世人所崇拜。

清朝的中兴大臣曾国藩，在做官上是很有智慧的。其核心就是韬光养晦，心怀淡泊，功成身退。梁启超曾评价曾国藩："文正深守知止知足之戒，常以急流勇退为心"，十分精当。

1864年（同治三年）6月，曾国藩面临着人生的重大选择。其时，湘军克复南京。曾国藩的旗下，拥兵30万，已然占据了中国的半壁江山。湘军是曾国藩一手培育起来的。其实就是曾国藩的子弟兵。此时的曾国藩已统帅江

南怀瑾佛学智慧

"一个真正学佛的人，必须要深解义趣，这个信心才是绝对的正信，这一个法门，才是真正的佛法，才是宇宙中一切众生，自求解脱的成佛之路。所谓正信，要信什么呢？信我们此心，信一切众生皆是佛，心即是佛，我们都有心，所以一切众生都是佛只是我们找不到自己，不明我们自己的心，不能自己见到自己的本性，因此隔了一层，蒙住了，变成凡夫。"

苏、安徽、江西、浙江四省军务，四省巡抚、提督以下文武官员都归曾国藩节制。在满清统治内外交困之时，曾国藩力挽狂澜，剿灭了太平天国这个清政府的心腹大患，于是，他成为满清入关以来持权最大的汉族官员，此时的曾国藩，足以"功高震主"了。

曾国藩的部属幕僚，如曾国荃、彭玉麟、赵烈文等人以及研究"帝王之学"的学者王闿运等，都竭力劝进。有的说，"王侯无种，帝王有真"；有的说，"用霹雳手段，显菩萨心肠"；有人更直截了当地说"东南半壁无主，我公岂有意乎？"这些话也不无道理。早在咸丰帝临死之时，其有遗言，说"克复金陵者王"，但是，慈禧太后管束下的年幼同治帝，只给了曾国藩一个"一等毅勇候"，而且，同治帝还下诏，要求曾国藩和各级将领，从速办理军费报销，催命一般要求从速复命，这无异于过河拆桥。因此，曾国荃、彭玉麟等人便秘密活动，力劝曾国藩不如反了，坐了天下。他们曾约集30余名高级将领深夜请见，要曾国藩"速作决断"，但曾国藩不为所动，他没有说什么话，只写下"倚天照海花无数，流水高山心自知"一联，算是作答。

曾国藩是一个儒家君子，熟读四书五经，功高招忌，狡兔死、走狗烹的道理不难明白。但遍观古今人物，能真正能把握其要义又能做到的，少之又少。史书上多少权臣，都因为不懂得功成身退而身败名裂。曾国藩在家守孝之时曾研读《道德经》，并在该书扉页上写道："大柔非柔，至刚无刚。"他写过的不少对联，也抒发了自己的心志，如："战战兢兢，即生时不忘地狱；坦坦荡荡，虽逆境亦畅天怀","功名之地,自古难居","人又何必占天下之第一美名哉?","天下无易境,天下无难境;终身有乐处,终身有忧处"。

志得意满,功成名就的曾国藩审时度势,毅然决然地选择急流勇退,低调为人处世。他进南京之后,立即办了三件事。一是盖贡院提拔江南人士;二是建造南京旗兵营房,请八旗兵南来驻防;三是裁撤数万湘军。他上折给清廷说,湘军打仗的时间很长了,且"无昔日之生气",奏请裁汰遣散。曾国藩的意思是清楚的:本人无意拥军。同时,曾国藩在奏折中对他个人去留也只字不提。他深知,此时无论进退,都会产生各方猜忌。但是,他却替他的弟弟曾国荃"专折"奏请开缺回籍养病,朝廷立即恩准了。曾国荃急功贪财,对这个弟弟,曾国藩最不放心。他曾对曾国荃说:"古来成大功大名者,恒有多少风波,多少灾难,谈何容易?愿与弟兢兢业业,各怀临深履薄之惧,以冀免于大戾。"曾国藩还曾题诗一首,既为告诫兄弟,亦为自勉,此诗相当有名:

左列钟铭右谤书,人间随处有乘除。

低头一拜屠羊说,万事浮云过太虚。

曾国藩常怀临深履薄之惧,自削兵权、自去利权、斩杀羽翼,以释清廷之疑,终于换回信任,也换得了曾家后代的平安。1872年3月12日(同治十一年二月初四),曾国藩病逝。据说,当日曾国藩"午后散步署西花圃,突发脚麻,曾纪泽扶掖回书房,端坐三刻逝世"。无疾而终,可谓人生之幸。

身居高位的领导们，只要明白了高处不胜寒的道理，就应该时时警醒自己，不被世俗的名利所羁绊，保持内心的一方纯净，享受到人生真正的宁静、满足和快乐。

万事随缘，随遇而安

南怀瑾先生说："不管是否学佛，一个人想做到随时安然而住是非常困难的。中文有一句俗语：'随遇而安'，安与住一样，但人不能做到随遇而安，因为人不满足自己，不满足现实，永远不满足，永远在追求一个莫名其妙的东西。理由可以讲很多，追求事业，甚至于有些同学说人生是为了追求人生，学哲学的人说为了追求真理。你说真理卖多少钱一斤？他说讲不出价钱。真理也是个空洞的名词，你说人生有什么价值？这个都是人为的借口，所以说在人生的过程上，做到'随遇而安'就很难了。"

佛家主张万事随缘，安然而住，其实说的就是一个随遇而安。佛家认识到人生无常，死生都寂寞，认为人生就是苦，就是空，所以丢掉欲念，不去妄想妄求，面对莫测的人生，修持自己，坚守自我心灵的宁静，任由缘来缘往，缘灭缘散，万事随缘，不去挂碍，不去强求，自己随遇而安，安分守己，安然住。

这里的"随缘"和"安然"，不是消极，不是停滞，而是明知不可为，不能为，徒劳无果，所以不去做无谓的执著和妄求，缘来则住，缘去则往，安定内心，安分守己，脚踏实地，做自己应该做，也能够做的事情。

古人说"乐天知命故无忧"，也有同样的道理，就是认识到天、地、人中"大道"的存在，明白违背不得，只有敬畏，只有顺从，顺道而行，"乐天知命"，随遇而安，安分守己，这样才能做到安身立命。如果没认识到这个"道"的存在，一意孤行，就是奋力争取，也是没用的。

"乐天知命故无忧"，体现了古人面对人生的豁达和智慧。有此认识，人生无论穷通成败，都能坦然面对，把它作为人生的必然经历，所以能做到"无忧"，无论贫富，都能把握自己。能吃苦也能享受人生。古人就是如此平衡自己的理想和现实、外在与内心的，很是高明。

这个"道"，其实就是我们今天所说的事物发展的规律。规律只有掌握，不能改变，所以人最明智的行为就是顺道而行，审时度势，待时而动，才能抓住发展的最好时机，一举成功。

佛家认为："人之所以痛苦，是因为追求错误的东西。"那么，这个错误的东西是什么？当然不只是不好的坏事情（比如不合法律和道德，缺乏良知的事情），更重要的是那些对别人来说是好，对自己可能就是坏的事情——追求自己达不到，也不属于自己的东西。

但人总是缺乏自知之明的，而且自视很高，目标远大，给自己定了很大的人生目标，为实现它而积极奋斗，不辞辛苦。原本这是好事，但问题就在于这个目标对于自己，是不是合适，凭自己的才能是不是能够实现？这是问题的所在。很多人并不问自己，是不是能够承受，是不是好高骛远了？因为事情没那么简单，所谓"成事在天"，不是你凭一腔热情和热血，只要努力就一定能成功的。

天下万物皆有所属，各赋禀性，丝毫不以人的意志为转移，不是你想怎么样就可以的；而且，天下事物的发展都有时机的，同样不会受人的左右，所以不是主观努力就一定可如愿成功。更何况，人都有

个人的局限性，有能力不能及的地方，只是个人总是意识不到罢了。所以总是自信满满，冲劲无限，岂不知，这里面有多少是无谓的盲动和不自知的行为呢？

只有当他努力了，争取了，应该成功，但没有成功，只剩下遗憾时，他才能体会到人生的无奈，际遇的无常。明白有时候"有志者"，不是一定"事竟成"；有时候，不是"一份耕耘，一份收获"。从小，我们受的教育是"执著"奋斗，这原本是应该的强者姿态，但必须认识到，有些"执著"不必要，因为达不到，"执著"就只能是压力和自苦。

佛家说："执著最苦"，主张人放弃无谓的执著，做自己应该做的事情。的确，人生的很多苦是因为太"执著"，不肯放下，不甘放下。世界本不完美，但追求完美，对人对事苛求自苦；自己没能力，却好高骛远，眼高手低；追求一个人，但人家拒绝，不甘心，穷追不放；羡慕别人有，自己也要有……作为追求，原无可厚非，问题就在于不可能有结果，不可能如愿，所以又何必太"执著"？这样的"执著"，只能是苦。

所以，**我们平时应多加反观自己，做到自知之明，不去追求不属于自己的东西；面对不可改变的事实，也学会放下，从而做到万事随缘，乐天知命，随遇而安，安分守己，脚踏实地，做自己喜欢做，应该做，有能力做，能做出成绩的事情。**

万事都有一个机缘，丝毫不为主观意志而动，不是你想怎么样就可以的。这正是佛家所说"众生根性百千，诸佛巧应无量，随其种种得度不同"。我们所能做的，就是慈悲持戒，随时随方应机缘，随遇而安。

一天，法演禅师进城。

一阵喧天的锣鼓声传来,吸引了他的注意力,他放眼一看,远处有一处戏台,用大块的深色布围着,台上是许多小木偶。有的很丑,有的很俊,有的穿戴华丽,有的破衣烂衫,愁眉苦脸。这些木偶随着表演的音乐伴奏,有的在动,有的在坐,有的欢喜地又唱又跳,有的作痛哭状。

法演禅师看得津津有味,忽然注意到黑布内有一个东西在动。他忍不住好奇起来,就走进去查看——原来,黑布后边有人。那人正是操纵木偶的,只见他双手拉动着木偶身上的线绳,口中还模拟着不同的声音,这种口技实在惟妙惟肖。法演禅师觉得实在有意思极了,忍不住哈哈大笑起来。

法演禅师一边笑,一边问木偶戏操纵者:"您贵姓啊?"

没想到那人却干脆地回答说:"老和尚,您要是喜欢,就尽管观看,何必问我姓什么呢?"

法演禅师哑口无言,回头一想,木偶种种在台上之所以活灵活现好像人间万象,正是由不知姓什么的操纵者一手控制的。

可见,控制操纵木偶的人是什么"姓"(性),决定了木偶人等是什么命运。

南怀瑾佛学智慧

真正的佛法是平等,无有高下的。佛在前面也说过,一切贤圣皆以无为法而有差别,也就是说是没有差别的。

木偶由人来操纵，而人呢，当然也有操纵人的。是什么呢？也许是天，也许是"道"，也许是"命"，这是没办法改变的，我们唯一能够把握的，只有自己的内心，让内心顺应这个不变的东西，才能活出自己的安然适意。

南怀瑾佛学智慧

"'何事劳生终草草'，我们人生为什么劳劳碌碌，佛学名辞叫做劳生，一辈子在劳苦中。忙忙碌碌一辈子，最后莫名其妙的来，莫名其妙地就走了，所以是何事劳生终草草。"

第七章
境由心造,快乐源自内心

□ 少动心念，自然自在

南怀瑾先生说："吸烟的人，戒烟非常难，看见了烟，理智告诉自己要戒，然而手下意识地会伸出去取烟。其实人生随时随地都是如此，每个人都有理智，都很清醒，有的事不愿做，但欲望一起，就压不下去，理智始终克服不了欲望。"

人因为欲望，所以动心动念，心念不断，烦恼不休。只要是心念所系，就难放下，不愿放下，纠结痛苦。

佛家认为，人生的烦恼和痛苦，就是因为这欲望。因为欲望，心心念念不断。为求心灵解脱，佛家主张人们万缘放下，顺其自然。唯有这样，才能获得心灵的自在和快乐。

道源禅师讲过这样一个故事：

有个人，家里很穷，田地又少，无法满足一家人的生活。所以，农闲时就以乞讨为生。

他的一个儿子十分聪明，也很争气，凭做生意发了大财。但是，父亲还是整天在外边要饭，不愿意跟着儿子享福。

乡亲们还以为是儿子吝啬，不肯孝敬老人，都指责这个儿子不孝。当儿子的十分委屈，但苦于无法解释。因为他也看到，老父亲几十年如一日在外乞讨，风雨无阻，身子一天不如一天，也怕他有一天会撑不住，倒下了，所以极力劝说，让父亲回家享福。再说，他如今已是腰缠万贯，而父亲乞讨为业，也实在有些丢他的面子。

他决定找回父亲来。于是，他就派人去到处寻找，最终找回了父亲。然后，天天好吃好喝地伺奉老人，希望自己尽人子之孝，让老人过上舒舒服服，安逸享乐的晚年。

但是，老人在家住了没几天，又突然消失得无影无踪，又跑出去讨饭为生了。

大家都不理解，为什么放着清福不享受呢？真是个傻老头儿。有人忍不住问他："家里有吃有喝的，你为什么还出来要饭呢？"

老人回答说："出来走走，见见人，又快乐又自在。无忧无虑，到哪里都有善心人，有吃有住，一天走到晚很快活，睡觉也香甜。"

这就是所谓的自在，他的自在在他心中，别人也许不能解，但这又有什么关系。自在本源自内心。

道源禅师又讲了一个故事：

有一个修禅多年的商人，他与一个朋友交情甚笃，一起合作做生意赚了不少钱。

这一天，他带了不少金银财宝去看望朋友，可是，在路途上的小客栈里，他带的金银财宝全都被小偷席卷而去。看到所有财物不翼而飞，商人并没有大惊失色，而是平平静静。

别人都很诧异，担心他是不是气过头了，劝他消消气儿，他却平静地对人说："就算我送给小偷了，本来是打算送朋友的，反正都是送人，拿走就拿走吧。"

这个商人的度量和从容使他淡定自如，既然失去的不可追回，心上计较无济于事，也就不去多想了。

南先生又说："物来而应，过去不留。"就是让人们尽量少些挂碍，不刻意，不强求，有问题时积极面对，及时处理；事过则不再纠缠，不回头，向前看。

放不下心里的包袱，不会做减法生活，当然会越活越沉重。其实，很多事情过去就过去了，何必留恋？何必回忆？无论是欢乐还是痛苦，只能代表那一刻，已经过去，不属于自己。

人们常说，过去的已经不可追，明天的莫测未卜，我们唯一能够把握的，唯有认真活在今天，把握当下。而当下的事情呢？有很多也不以自己意志为转移，所以最好是尽力而为，对己对人做到负责，无愧于心，心安理得，就是最好。

现代社会，物欲横流，人们被昌盛的物质文明所裹挟，欲望膨胀，不知满足，追求物质享乐；但同时竞争激烈，压力增大，心烦意躁，心灵日益陷入空虚。心被物质裹挟着，除了这样，似乎别无选择，只能随波逐流，完全不能自主。晕头转向，找不到

南怀瑾佛学智慧

"'悟到死生如旦暮'，真正的了解了，悟了，悟到死生如旦暮，人生出来等于天亮了，睡醒了是活着，死了呢？夜里到了，应该去睡觉了，死生一条，没有什么了不起。所以中国文化素来就讲，'生者寄也，死者归也'，能够悟到死生如旦暮，你才能够得到正信，真正相信了。"

自己，心灵的归宿在哪里？内心的自在和快乐在哪里？

现代人行色匆匆，却不知走向何方。当然，这是一个社会问题。作为个人，我们能够解决的，只能是自己的问题。外在的世界无从改变，有时，个人如一粒流沙，不得不随波逐流，但我们可以改变自己的内心世界。就是面对现实，保持精神的独立自由，守护好自己的心灵家园，不受外界的干扰，保持清静，这样，才能在纷扰的世间，保持一份超然和解脱的心态，不至于活得那么苦，那么累，那么不轻松自在。

佛家所谓"境由心造"，现实的世界让人不开心，但你可以为自己构造一个自在的内心世界。每个人都是一个小宇宙。人的内心，是有着无限大的创造力的。所以，能否活得快乐自在，全在于你自己。

南怀瑾佛学智慧

"'有无俱遣息纷纷'，所以一切都放下，能够放下，则同佛法有点相近了。但是一切放下，不是空啊！不是没有啊！只说一切放下而已。"

法天效地，心宽得乐

南怀瑾先生说："古时民间文学中有一首诗说：'作天难作四月天，蚕要温和麦要寒。行人望晴农望雨，采桑娘子望阴天。'像这样，天作哪一种天才是好呢？作天都难作，何况作人？所以一个人为朋友效力，受人埋怨，是难免的。尤其当领导的人，受人非议，更是必然。所以老子说：'人法地，地法天，天法道，道法自然。'这句话就包含了要我们效法天地那种广大包容的气度。"

天地广阔无私，宽大为怀，包藏万物，给人以豁达自由之感，古人早看到天地的这种广大无私，意识到人应该效法天地，所以说出："天行健，君子自强不息；地势坤，君子厚德载物。"古人的很多智慧，都来源于对天地的观察，接受天地的启示而创造成的。

法天效地，这是我国先人对天地万物观察后得出的最伟大发现。由此，产生的朴素的辩证思想广泛渗透于传统文化中，成为中华民族的内在精神特质。《易经》《道德经》《论语》等古代名著，都包含着法天效地的思想，并由此产生出伟大深厚的中国哲学智慧。其中的有无相生，变幻无穷，圆行不止的太极图，比如阴阳五行的相生相克，比如无为而无所不为的思想，等等，都是先人法天象地的智慧成果，它渗透在中国人的思想中，代代相传，至今不衰。

古人又说："海纳百川，有容乃大"，看到江海，受到启发，所以要心怀博大，虚怀若谷，这样，才能如江海一样成其大。**这里的"容"就是包容，包纳，宽容，悦纳的意思，如果能做到这些，自然就会有不凡的见识和胸怀，做大人，立大志，成大事。**

一个心宽能装得下天地，能宽容的人，必然乐观豁达，与人为善，这样的人，内心一定有着很强的张力和韧性，能应对各种问题，也能活出快乐人生。

> 比如古代先哲庄子，就是一个心有天地，以天地为心，看破生死，心有八极，超越人生苦痛和生死的人。他妻子死了，他却看上去一点不难过，别人不解，他却说这很正常，有什么值得哭的呢？他认为死，是一个必然要面对的，是生命走到了尽头，难过有什么用呢？他很看得开，所以不难过。他道法自然，旷然不羁，不为世俗名利所拘束。有人请他去做官，他拒绝，宁愿做逍遥于山林的人，选择快乐自在的人生。

一个人的胸怀和气度很重要。纵观历来的伟人，无不是胸怀博大，宽容为怀，他们俯仰天地，气度如虹，器量非凡，所以能成就非凡伟业。而那些斤斤计较，患得患失，心胸狭隘的人，拿不起，也放不下，往往是鼠目寸光，只看见眼前和自己的庸碌之辈，当然无法成就大的事业。

一个人，如果能自觉地效法天地，就自然会胸怀高远，宽大为怀，不会斤斤于小利小私和小恩小怨，不会因小失大，而是眼光高远，顾全大局，把主要精力放在自己最该做的大事上；因为他大度量，能包容，所以能得人心；能得人心，就往往成为领导或中心人物,这样,自己的事业自然会得道多助,更容易成功。

佛家向来以慈悲为怀,所以,宽容更是所有修佛人必须修养的。佛家的慈悲,是认识到众生的苦,生出一种悲天悯人的情怀。通过修养自己,转而接济他人,行善施德,体现一种"我为人人"的博爱思想。由于慈悲,认识到众生无论好坏,都生活在苦中,所以,无论对好人,还是"坏人",都心怀慈悲,甚至对于冒犯自己的人,也要做到忍辱,原谅对方,宽大为怀,感化他人,度化他人,也是自己的一种无上福德。所以,能够宽容,不仅是一种胸怀,更是一种伟大的爱。

世界本不完美,各人都有缺点,如果你不能包容他人,那一定处处失望,活不出半点开心。

当你不开心时,你仰头看看天,俯首看看地,到大自然中走走,到海边吹吹风,面对浩瀚的宇宙,广大的天地山河,你会感觉到自己是多么的渺小,生命是多么的可贵,而那些所谓的恩怨,比起这些,又算得了什么呢?

当你看懂了天地的广阔与伟大,你就会放下所有的不开心,在一份超然中,放大眼光看所有的人和事,学会宽容,放下小我,放下所有不开心,学着去爱别人,宽谅别人,这样,自然你就获得了内心的成长和快乐。

南怀瑾佛学智慧

"真正成佛解脱者,是连佛也不成。无所谓佛,也无所谓魔,当下成就,一切解脱。"

□心中无"我",行善得乐

南怀瑾先生在解释佛家的"超脱"时说:"用方位来说,你站在一个房间,说自己是在中间,前后左右是东南西北,可是在北方看,你是站在南方;在南方看,你是站在北方,没有中间的。所以说绝对的'无我',在观念上有这个名称,真要做到无我,几乎没有这样的人。但不是绝对没有,一旦真的做到无我的话,就会非常快乐。我们所有的痛苦,都是因为自己'有我'而来的。如果我们手里拿了一件东西,别人需要时,一定舍不得给人,因为别人需要它时,也正是自己需要它的时候。假如能在这个时候,自己放弃它而给别人,就是最快乐的境界。"

南先生这里的"无我",既有自我精神独立和自由的坚持,又有无私的奉献精神。光坚持"自我",独善其身,当然是自私的,只有把个人的生命赋予更放大的大众,才能让自我生命超越个人局限,体现出一种更加普世的价值。

佛家追求精神的解脱,为此修行虚静"无我""空我"的精神境界。但其终极目的是慈悲为怀,普度众生,为此放弃个人的一切世俗享受。所以,修佛人的奉献,要求更为彻底。

有三个年轻的佛教信徒,他们相信佛祖能够帮助他们解脱人生中的痛苦,可是,信佛多年,仍然觉得自己并不怎么幸福快乐，于是他们千里迢迢来到一个全国著名的寺庙，向德高望重的住持老禅师请教人生的问题。

禅师对他们说："要想快乐，首先得有人生目标。有了目标，才有追求，才有动力。"

其中一个说道："人生目标？我怕死，虽然活着也没有什么意思，但是我还是想活着更好。"

另一个说："我的人生目标是努力干活，多积蓄些钱财，这样到老了就可以多些保障。"

第三个说："我的人生目标就是养家糊口，一家老小都指望着我呢。"

禅师听完他们的话，笑着说："难怪你们三个人都不觉得快乐。你们整天考虑的是死亡、年老和迫于无奈的劳动，而不是理想、信念和享受当下每一刻，所以你们很难觉得快乐啊。"

信徒们都说："理想、信念和享受当下的心态都是很虚的东西，我们是普通人，追求不了那么高尚缥缈的人生目标。"

禅师问："那你们觉得人生中什么是让人快乐的事呢？"

一个想了想说："最让人快乐的事是获得名誉，有了名誉，就有一切，就感到快乐。"

另一个接着说："有了爱情，人就觉得快乐。"

第三个说："有了金钱，才能有快乐可言。"

禅师摇摇头说："那为什么有很多人出了名，有了名誉却十分烦恼？有的人得到了爱情却很痛苦？更有很多人有了钱，却每天忧虑不断呢？"

信徒们哑口无言。老禅师借机开示道："名誉得到了，要服务于大众，这样才有个人的快乐；爱情要具有奉献精神，只有这样，才能保鲜持久；金钱只有布施给穷人，才有价值。生命的意义就是享受生命当中的点点滴滴，珍惜自己的福分，乐于与人分享，只有这样，才能获得快乐。"

对人，往往是自私的，所以很难达到这种境界。自私是人的本性，本无可厚非，但还需要一定的"为他"精神。毕竟人生活在社会中，所谓"人人为我，我为人人"，每个人都离不开他人，都需要周围有一个支持系统存在，任何一味的自私自利都会使自己最终陷入困境。

当一个人经历过一些事情，拥有了一定的财富，看淡了名利，达到一定的境界，由己及人，做到了"无我"，明白"为他"是一种可以快乐自己的行为，然后就能做到自然的施舍，做到施恩不图报。

无巧禅师在圆觉寺弘扬佛法，来听讲法的信众很多，屋子里挤得满满的，有的人甚至站在门外墙边听讲。有信徒看到这种情况，觉得讲堂实在太狭小，不利于弘法，就号召信徒捐资修建一座大讲堂。

有一个信徒很崇拜无巧禅师，决心助寺庙一臂之力，就用袋子装了五十两黄金，他郑重地交给无巧禅师，祝愿大讲堂早日建成，投入使用。无巧禅师收下了这五十两黄金，交代给管财务的，登录完毕后，就作别这个信徒，忙别的事去了。这个信徒内心感到十分惆怅和不解，因为五十两黄金是一笔大钱，普通人家全家一年收入五十两银子的都少见，更别说五十两黄金了。这个信徒怕无巧禅师不知道袋子里装的是黄金,就跟在禅师后边,又说:"禅师,我那袋子里是五十两黄金啊!别记错了。"禅师一边应声一边脚步匆忙地走了。

这个信徒心中顿生烦闷,他就对管账的和尚抱怨说:"无巧禅师讲法讲得好,可是人情事理实在是不太懂得。收下我这么重的奉献,连声感谢话都不说,也太不像话了。"

管账的和尚说:"施主这样说实在是大谬,你施舍是在积累自己的功德,不是帮助别人,别人不欠你一声感谢。要是你将功德看成是买卖,我就替佛祖说一声多谢,从此,你与佛祖就'银货两讫'了,这样行吧?"

这个信徒大悟,红着脸不好意思地告别了。

现代社会,人们做好事,多半不是因为"无我"而奉献,而是存有一种目的性。所以,社会上的各种慈善活动也热热闹闹,成了名人富人们炫富和宣传自己的名利场,有几个人做好事可以做到像雷锋那样,成了一种自自然然的生活方式,绝对是甘心情愿,不求回报的?哪个人不是做了好事,生怕人不知道,赶紧找媒体宣传自己?高调地做慈善,是当下名人的一种与工作密不可分的自我宣传方式。如果在付出时,像做生意那样,考虑投资回报的问题,也许是人之常情,但那是假慈善,是作秀。

当印度佛教衰微时,菩提达摩说中国有大乘气象,就渡海东来,到达广州,与南朝的梁武帝萧衍见了面。

梁武帝笃信佛教,见到达摩祖师后,梁武帝就向达摩祖师炫耀自己在中国佛教发展上的贡献,他列举自己的光辉业绩说:"我广造寺宇,度众人为僧,写佛经、造佛像，不遗余力。我做了这么多贡献，有何功德？"

达摩祖师回答："并无功德。"

梁武帝心情大不爽，又不甘心地追问："为什么您说我没有功德？"

达摩祖师回答："您不过是做了几件好事，这实在说不上是什么功德。"

梁武帝听了，心中很不高兴，大家言不投机，达摩祖师便北上，到了少林寺。

梁武帝信奉佛教，广造寺宇、佛像，令人抄写了大量经书，并度人为僧，这是在积累自己的福德。而达摩祖师说梁武帝没有功德，是因为梁武帝没有在性上悟证，还是迷的。达摩祖师要告诉梁武帝的是，他做的那些事只是福德，并非功德。

不能在自性上证悟的人，做好事往往都有一个俗世功利的目的，可能是为了别人的称赞，也可能是为了得到什么回报。也就是说，有一个利己的动机，因此便落入了贪心。梁武帝大兴佛事，是为了想自己成佛，于是他就落到贪图成佛的那个迷境里去了。

所谓"施恩不求报"，真正做慈善的人，心中境界已经达到"无我"，慈善，对于他，就成了自己的工作，成了他自己快乐的生活方式。这样的人，除了拥有财富，不想让财富成为人生之累，还有一颗慈悲众生的博爱精神，他认识到自己的钱，最好的方式是"取之于民，用之于民"。

绝对"无我"不可能，只要达到这样的相对"无我"，默默行善布德，帮助别人，快乐自己，最终也会给自己积累更多的福报。

拈花一笑,放松自己

南怀瑾先生说:"打坐教人要先把神经拉开,微笑,学菩萨嘛。一笑,脑子都松开了,身体病都没有了,笑的作用哦。肌肉一笑,脑神经整个拉开了,眉毛舒展开来,你看菩萨塑的像,也是坐在那儿微笑,慈眉善目,这要学的。"

微笑也是需要修炼和学习的。因为并不是每个人都会笑,也并非每个人都有微笑的意识。

现代社会,竞争激烈,人情势利,人们背负着很大的压力,终日脚步匆匆,人们的表情也如同钢筋水泥一样,面如土色,很少能看到从容而恬淡的笑脸了。那种温暖的笑,幸福的笑,对今天的我们,似乎遥远得近乎陌生,成了一种可望而不可即的梦了。真正闲下来,对某一个人真诚地笑一笑,对我们成了一种奢侈——太忙了,哪里有时间停下来啊;有太多的烦心事了,哪里有心情来笑一笑啊。所以,在城市拥挤的人流中,在人与人之间的紧张和竞争关系中,我们很难看到温暖的笑脸了。现代人的笑神经似乎麻木了,所以,我们看到的是千篇一律的冷漠。

其实,是我们的内心真正冷漠了吗?不需要笑的慰藉了吗?也不想对人友好,给人以温暖的笑了吗?似乎也不是,但是从什么时候开始,是什么让我们疏远了笑?我们并不得而知。好像是在一种逼迫中,我们身不由己地变成了如今的冷漠。作为社会,这种冷漠的出现是病态的；作为个人，这种冷落的出现是悲哀的。可是，在忙碌的背后，在寂静的午夜，我们内心却在孤独地呻吟着，呼唤着内心温暖的慰藉，呼唤着人性的真善美爱暖。

在社会的大环境中，冷漠似乎如瘟疫，它能够传染，不断地扩大，扩大为一种全民的麻木和冷漠。这是十分可怕的。卡夫卡小说中所表现的现代人的荒诞以及无数自相矛盾的悖论，似乎也关乎这种传染性质的冷漠瘟疫。笑，被淹没在了冷漠中；冷漠日益侵蚀着人们发自内心的笑，让笑神经麻木了，很难在现代人脸上看到它的真面目。我们平日所看到的所谓的笑，更多的是一种职业化的，习惯性的，应酬性的笑，充满了矫情和伪饰，充满了不可捉摸，高深莫测，给人的不是温暖，更多的是一种可怕的面具感。

在这样的气氛中，如果间或能看到一个温暖的、给人慰藉的笑脸，我们冷漠的心会怦然心动，产生一种久违的亲切感。因为真正温暖的笑，如东风扑面，是最能感动和温暖人心的。因为难得到真诚的笑，所以，我们更愿意从孩子身上寻找。你看电视上，为什么宝宝的节目深得人心，就是因为它能给人们短暂的心理慰藉。孩子们纯真的笑是没有心机和城府的，让忙碌后疲惫的身心在片刻间得到休息。

佛家认为，我们都活在一种被逼迫中。的确如此，如果不是

南怀瑾佛学智慧

> "人生学佛修道，这一念能平静，则万法皆空。但是这一念最难平，这一念就是当下一念，由于贪嗔痴慢疑的感受及执著，当下这一念不能平，因此所有的修持都是白费了。"

这样，我们的天性怎么会离我们越来越远？我们的真诚怎么会不得不深深地掩藏？我们的笑怎么会变得这么难？但古今一概如此，如今的时代更是充满了竞争和浮躁，作为个人，更是身不由己，难以自主。外界无从改变，但我们可以把握自己的内心。只要你坚持自己，能够弹性地活着，那么，就不被周围和他人所左右，不会附庸，不会随波逐流，而是有能力主宰自己的人生。

人生活在社会中，个性必然会被社会所同化，但只要不失本性，不失自我，就能够主宰自己，走出一条属于自己的成功之路，做到尽可能自由的选择——做自己想做的事，做自己想做的人，活出适合自己，也是自己想要的生活。不一定会大富大贵，但一定是丰满而愉悦的。因为有能力活出自己，活出自己的精彩。

面对竞争的社会，面对复杂的人际关系，面对莫测的人生，我们就有能力让自己从容而自信地面对，能够做到自得其乐，乐在其中，其乐无穷。**无论顺逆，无论成败得失，你都有能力调整自己，内心充满宁静而丰富的快乐，你一贯地笑对人生，那么，你还会失去笑的能力吗？你面对任何降临到生命的出现都能笑对，善待自己，也善待别人，所以，对别人，你也会自然地发出温暖的笑。**

当然，面对烦恼人生，苦多乐少，能够做到笑对人生，笑对社会，笑对别人，也是需要学习的，学习并修养，加上生活的历练，日益领悟到人生的真谛，提升修养和智慧，真正学会做人做事，学会为人处世。这样，才能越活越简单，越活越轻松，越活烦恼越少，越能理解他人、周围和世界，这样，自然会更加热爱生活，真诚生活，充满爱心；脸上自然会露出真正的笑了；脸上一笑，神经放松，自然更有益于美容和延年益寿。

所以，笑，实际上也需要学习，是一种个人修养。一个经常笑容满面的人，也更有能力活出健康的身心。

笑，能温暖人心，拉近与他人的距离。没有人愿意看到一个人成天拉着脸，好像别人欠他债似的。

唐太宗李世民，是我国历史上有名的贤明君主。但在他执政的过程中，也曾遭遇到与他如何拉近距离的难事。虽然高高在上，但也面对别人对他的距离感，也感到烦恼心慌。

有一次，唐太宗止不住问魏征："我跟大臣们讲话，他们为什么都不怎么讲话啊？好像很谨慎小心的样子。"

如果是一般人，听到皇帝问自己这个问题，是不敢讲真话的，但魏征不同，他是有名的忠谏之臣，与唐太宗关系非同一般，也早已经获得了唐太宗的信任，所以，他一如既往坦诚直言。

他直言不讳地对皇帝说："陛下，你自己可能不知道，因为您的相貌天生就很高大威严，不是那么让人接近；加上你严厉地一问：'这个事情怎么办？'自然就把大家吓住了，人们当然不敢轻易讲话了。"然后，他建议皇帝说："陛下以后不妨说话和气些，面带笑容，这样，自然就会拉近与大臣们的距离了。然后，他们自然就敢于说话了。"

唐太宗听此言，如梦初醒——原来是自己太严肃了。

唐太宗退朝后，回到宫里，找来一面镜子，看看自己的相貌，确实有些不够和善。然后，他决心改变这个威严的形象，拉近与大家的距离。

于是，他天天对着镜子练习，练习什么呢？就是笑，拼命地学着笑，笑着问话："大家好啊，这个事情你们看怎么处理好呢?"

就这样,练过一段时间后,唐太宗终于学会经常面带笑容了。也从此再没有了难以让人接近的烦恼,大臣们对他越来越坦诚,越来越忠心。

出家修行的人,讲究先修"喜相",喜,就是慈悲,心怀对人生,对他人的一种慈善和悲悯情怀;而对于我们普通人而言,也应学会微笑,笑对人生,笑对他人,让自己的笑化作一股暖流,传达向善的力量。唯有如此,生活才更有意义,人间才更加温暖。

对人笑一笑,体现出一种达观的生活态度和丰厚修养,也能因笑放松紧张的神经,缓解压力,轻松自己,有益于身心健康。

南怀瑾佛学智慧

"根据我的经验,学佛修道的人,废物多,懒的多。佛叫你精进,你做不到,叫你诸恶莫作,众善奉行,你做不到。姑且不论诸恶莫作,一善都不行是真的,因为他懒嘛!这是我们要自我检讨的,非常严重的问题。"

默默无闻未必不幸福

南怀瑾先生说:"当时代不需要你的时候,你能不怨天、不尤人,默默无闻地活下去,这也做不到。一个人总有自己的牢骚,尤其知识分子们总认为:'当今天下,舍我其谁?'假使让他出来,比诸葛亮更高明。所以人们都没有完全认识自己。"

人都有自己的功利追求,很难做到安于平凡,耐不住寂寞,享不了清福,认为自己必须做大事,出大名,此生不能默默无闻中度过。

所谓"雁过留声,人过留名",中国人自古就有一份功名情结。儒家追求人生三不朽:"立功、立德、立言",认为一个人只有这样,才可能超越个人有限的生命,做到身后留名,死后不朽,让人长相忆念,那么,人生就没有白活,人生的辛苦就没有白费。

当下社会,人们更是急功近利,对名利追逐成风。只是与古人以"立功、立言、立德"求名不同,今人的求名,是为了利;古人求名但不失气节,贯穿一生,今人求名,可以不讲节操,只要出名就成,甚至可以不择手段;古人求名是做人学问功业到家,水到渠成出名,今人出名,可能没有学问,可以不会做人,"英雄不问出路",只要出名了,就是英雄。

佛家认为,人生之苦就在于不能看淡名利,抛不开。如果能做到默默无闻，未必不是幸福的人生。

　　人们追求名利，似乎不仅仅为了享乐人生，还为证明自己，做给别人看，满足自己的虚荣心。为此，拼搏一生。但事实上，名利富贵就是得到了又能怎样？就像拿到大把的钞票，高兴的也只是那一刻，剩下的感受可能就是复杂的，往往掺杂了某种苦涩——为了得到这个钱，这个名利，我曾经失去了多少幸福快乐的时光？我为此付出了多少代价……而那些看来不如自己的人，看上去不也过得很幸福快乐吗？自己和他们相比，又真正多了些什么呢？事业吗？名利吗？可这些对于个人的生命，又有多少意义？自己的内心，因为名利真正得到快乐了吗……

　　一个人，要想做到优秀，做到功成名就，必然是要付出常人没有的代价的，但同时，你也会失去常人有的快乐。这是人生的一个悖论，我们往往无法超越。那么，宁肯不追求吗？就安于现状，庸碌无为，默默无闻着等死？所谓"人生不满百，常怀千岁忧"，人总是自视很高，又不甘心作罢，总是想超越有限的生命，做点事情出来，满足自己物质的和精神的需要。

　　而事实上，这种名利需要是否真正能满足自己，还是个未知数，毕竟人的欲望是无休止的。而且，默默无闻不见得就不能活出人生的品质和品位，也许在平淡中，在乐天知命和安分守己中，更能体会人生的常态和真谛，体验到人生真正的幸福和快乐。

　　　　一休和尚年轻时，参禅打坐，有一段时间，觉得没什么进步，就有些颓丧。有一天，师父看一休和尚打坐参禅后，见了他默然不语。师父看出了一休的心思，就微笑着领他走出寺门。时值初春，寺门之外，冬天的枯黄色已经渐渐退去，嫩绿色的小草露出了萌芽，柳树的枝头已经有了淡淡的绿意，莺歌燕舞，伴随着小溪潺潺的流水声，真是一派大好春光……

一休深深地吸了一口春天新鲜的空气，觉得身心舒畅，心中的郁闷烟消云散，他看师父也陶醉在这大好的春光里，就央求师父一起到山上走走，活动活动腿脚。师父就带着一休上山了。到了半山腰，只见白色的玉兰花开得绚烂，迎春花窈窕妩媚，师父不禁赞叹不已，有感于大自然的造化，师父不断念佛，一休也跟着师父在半山坡上安祥地打坐。

过了几个时辰，师父看天色已晚，就起身招呼一休一起回寺，一休就跟在师父后边回寺。师父刚跨入寺门，就反锁上了两扇木门，把一休关在了寺外。一休莫名其妙，想着师父也许是无心的，就在外边不断拍打，叫喊师父开门。可是，不管怎么叫喊，师父在寺里好像没有动静，一休不明白师父的用意，独坐门外，心中纳闷，对师父这样做的用意百思不得其解。

一休因为急着进寺庙，刚才欣赏大好春光的心思早就没有了。他焦急地等待着，不时地拍打门环，可是，里边寂然无声。

夕阳染红了半边天，远处白色云朵此时成了五颜六色的锦缎一样，可是，一休连看一眼的心情都没有，天色就暗了下来，四周的山冈，树林、小溪都笼罩在了蔼蔼雾气之中，四周一片死寂，连鸟儿们的叫声都没有了，一休心里开始有些害怕了。

就在这时，师父在寺内朗声叫起一休的名字。一休在门外隐约听见了，赶快答应一声，并赶忙高声说道："师父,您刚才锁了门,把我关在门外了。"

师父缓缓地走到门口,给一休开了门,一休这才进了寺庙,长长地舒了口气。

师父问一休:"外面怎么样了?"

"天全黑了。"

"还有什么吗?"

"天黑了,什么也没有了。"

"不对,"师父说,"外面仍然有新鲜的空气、原野上的嫩绿色、花草的芳香、小溪的潺潺流水声……我们白天见到的美景,一切都还在。"

一休忽然领悟了师父把他关在门外的苦心。

明朝诗人陈继儒曾有诗说:"若能随遇而安,不图将来,不追既往,不蔽目前,何不清闲之有?"

人生处处有风景,能否看到,全在于你是否有一颗发现美的心灵,是否能发现美。如果过度执著于名利之求,也是不完整的人生。如果达到当然好,但如果达不到呢?不如心怀一颗平常心,知足知止,在平凡的默默无闻中,过自己幸福的生活。少一些执著,少一些压力,多一点沉静,多一份踏实的幸福和快乐。

也许,我们被急功近利的社会大风潮赶着,迷失了自己的方向,对于自己到底需要什么样的人生,突然间困惑了,迷失了方向,所以像一粒流沙,只能随波逐流;或者,因为对人生价值的疑问和失落,受时代影响,对人生的幸福和快乐产生了错觉,而自己追求的生活,自己当下的状态,其实并不适合自己,也不是自己真正需要的。毕竟,人生的常态就是平凡和默默无闻,功成名就的只是少数,不是你想成功,或者说努力就一定能成功的。

眼下社会，人们像都得了"成功综合症"一样，都向名人学习，模仿名人，如同生活中的快餐，工作中的复制一样，也要复制杨澜、马云、李开复一样的成功，不能真正创造，即使"山寨"也无妨，只要能出名，能成功就成，反正不能平凡，默默无闻的生活我不要！演艺界出名快，名利诱人，那么，都齐刷刷上各种秀场，模仿名人，"出名要趁早呀"；图书市场也是名人图书最炎热，于是大家的书都要与名人沾上边，听名人讲课，否则谁看呀。全民失去对自我的重视和自信，崇拜名人成风，不关注自己，不走自己的成功成名之路，读者不看无名的书，书商也就只能出名人的书。有哪个愿意赔本，心怀责任地引导读者，步入一条健康阅读的轨道，出一本无名作者的书吗？不出名，不赚钱，没人出。

力争上游原没错，追求功名原没错，但那必须要对自己有清醒认识，而且有自己始终如一的坚定主张，不是这样如墙头草一样，受时风左右，不择方向，不讲原则的。这样浮躁，这么急功近利，实在不能说是健康的。

经历过富贵和人生的大起大落，如果你还能看透名利，保持一颗平常心，回归真我，回归人生的常态——默默无闻的平凡，才是幸福的人生。

一个看淡名利的人，既能享得富贵，也能耐得贫穷；无论穷通，无论有没有名气，都能调整自己心态到最佳状态，平衡自己，服从内心，过自己想要的生活，活出自己的幸福和快乐。而这，比什么都重要！

因为你是不是感到人生的满足、幸福和快乐，只有你自己知道，也只能由你自己来把握。

□最佳境界是丰富的安静

南怀瑾先生讲过一个故事：

> 王安石与赞元禅师交情犹如兄弟，一个做了宰相一个出家当了和尚，王安石每月都要写信给赞元，而赞元始终不打开来看。
>
> 有一天，王安石问他能不能学道，赞元禅师说："你只有一个条件可以学道。但有三个障碍永远去不了，只好再等一世，来生再说学道的事吧！"
>
> 王安石听了很不痛快，要他说明。他便说你"秉气刚大，世缘深"。你的脾气大，又热衷于人世的功名事业，成功与失败，没有绝对的把握，你心里永远不会平静，哪里能够学道呢？并且你脾气大，又容易发怒。做学问，重理解，对学道来说，是"所知障"，你有这三个大毛病，怎么可以学道？不过，不大重视名利，而且生活习惯比较淡泊，很像一个苦行僧，只有这一点比较接近道而已。所以说，你可以先研究修道的理论，至于学道，等来生再说吧！

南先生以这则故事，说明一个人能淡泊宁静，才能修道学佛，否则，就不如该干什么，干什么去，遵从自己的天性，能做什么，就做什么。

但是，世俗中人，纵使功成名就，也难免心中的寂寥。所以，功名如王安石者，在忙碌的政务之余，也要走近佛教，以求得心灵的暂时解脱。

人心欲望不断，心念不断，为此纠结，无论是喜是忧，心总是难以安静下来，所以烦恼不断。尤其是现代社会，人心浮躁，物欲横流，人为物役，成天匆匆忙忙，不知所终。物质昌盛，精神却日益空虚，找不到自己，如浮萍之无根，身心都是漂的，不知根在哪里，又将归往何处……成天行色匆匆，到底是为了什么？为理想，为名利？为了证明自己？可不这样，又能怎样？不仅没有更多的选择，除了奋斗，而且选择也充满了纠结，不知道做何选择。所以，心总是矛盾纠结着，身心无法安定，没有安全感，不知归宿何在，所以焦虑浮躁，不能专心致志于自己的生活，一切如佛家所说，为所谓的欲望满足而奋斗，但其实是一种"逼迫"性的奋斗，人生就是在这种逼迫下生活，没有办法。

如果想获得宁静，少些痛苦，就只有想办法让自己的心安静下来；只有心里清静了，才能把视线由外转向内，有意识地充实自己，在心里找到人生的安全感和力量；也只有内心充满了定力，才能生出般若智慧，与现实保持必要的距离，跳出来看世界，保持自我精神的独立和自由，不受外界的纷扰和左右，获得一份超然和自得。

古印度的崛多禅师，有一天行脚到中国，来到太原定襄县的历村。

在村外，他见到有一个僧人结草为庵，在一间茅草屋里独自打坐参禅，这个僧人是北宗神秀大师的弟子。

崛多禅师上前问道："你这是在做什么呢？"

这僧人回答说："我在探寻清静。"

崛多禅师接着说："你探寻的清静是什么？你是什

么人？"

僧人听了崛多禅师的提问，越来越感到这位长者非同凡人，提的问题很深奥。

于是，僧人起身行礼，向崛多禅师问道："这话该怎么讲？请求师父指教我！"

崛多禅师说："为什么不去探寻自己的内心？为什么不自己使自己的心清静而去寻求外部的清静？"僧人被问得无以作答。

崛多禅师感到这个僧人根性迟钝，悟性很差，就好奇地问："教你修行的师父是哪一位啊？"

僧人回答说："是神秀大师。"

崛多禅师问道："你的师父只教你这种方法吗？是不是还有别的内容呢？"

僧人回答说："他只教我去探寻清静。"

崛多禅师听了，叹了口气，说道："在西方世界属于低劣的外道修行方法，在这里却被当做禅宗，真是误人不浅啊！"

僧人听了，忍不住问崛多禅师："那么您的师父是哪一位呢？"

崛多禅师回答："是六祖慧能大师。"

他劝告僧人说："你在这里是学不到什么真正的佛法的，你为什么不到六祖那里去学法？"

僧人觉得此话有理，就去曹溪礼见六祖，拜在六祖门下参禅，并向六祖慧能叙述了自己的上述一段巧遇。

六祖对这个僧人说："确实，正如崛多禅师所言，你为什么不去探寻自己的内心，为什么不自己使自己清静呢？如果自己的心不清静，你还指望谁让你的心清静呢？"

这个僧人听了六祖的开示，立即大悟。

心静才是真正的静。清静是自己找的，别人给不了你。毕竟外界的干扰对自己的影响是次要的，如果心念不断，内心不静，就是完全与世隔绝也不能克服自己的"心魔"；如果心里安静，外界的纷扰是影响不到他的。所谓"事上本无事，庸人自扰之"，"树欲静而风不止"，很多烦恼是自己找的。

让心安静下来，在这当下是一个重要的命题。如果说富贵名利如烟云，那么在有限的人生中，如何获得内心的丰富，如何在这种丰富中宁静自己，保持一份独立和超然，独善其身，自得其乐，活出自己的幸福和快乐，对于个人的生命，显得更有意义。

一个能宁静自己的人，必然是一个不为物役，追求内在品质，以精神财富为人生追求的人。为此，他坚持自我独立与自由，坚守自我追求和节操，无论外面的世界如何变幻，他以此不变应万变，不为所动，始终如一；在不断的自我完善中，充实自己，拥有丰富而宁静的内心世界，并自得其乐，乐此不疲，修养一生。

这样的人，因为永远没降低自我生活的尊严和格调，没有失去自己，所以坦然地面对人生、社会以及他人，坦然面对降临到生活中的一切幸与不幸，并做到从容而有力地应对。

于是，生活在他们那里，永远充满阳光；人生的烦恼于他们，不是痛苦，完全可以自解；而幸福和快乐，也自会在内心的丰实中如静水深流，永远长驻心间。